Como Gerenciar Projetos de Construção Civil

Do orçamento à entrega da obra

Marco Antonio Portugal

Como Gerenciar Projetos de Construção Civil

Do orçamento à entrega da obra

Copyright© 2017 por Brasport Livros e Multimídia Ltda.
Todos os direitos reservados. Nenhuma parte deste livro poderá ser reproduzida, sob qualquer meio, especialmente em fotocópia (xerox), sem a permissão, por escrito, da Editora.

Editor: Sergio Martins de Oliveira
Diretora: Rosa Maria Oliveira de Queiroz
Gerente de Produção Editorial: Marina dos Anjos Martins de Oliveira
Revisão e copidesque: Camila Britto da Silva
Editoração Eletrônica: Abreu's System
Capa: Marco A. Portugal
Arte Final: Trama Criações

Técnica e muita atenção foram empregadas na produção deste livro. Porém, erros de digitação e/ou impressão podem ocorrer. Qualquer dúvida, inclusive de conceito, solicitamos enviar mensagem para **editorial@brasport.com.br**, para que nossa equipe, juntamente com o autor, possa esclarecer. A Brasport e o(s) autor(es) não assumem qualquer responsabilidade por eventuais danos ou perdas a pessoas ou bens, originados do uso deste livro.

P854g   Portugal, Marco Antônio

           Como gerenciar projetos de construção civil: do orçamento à entrega da obra / Marco Antônio Portugal – Rio de Janeiro: Brasport, 2017.

           ISBN: 978-85-7452-815-1

           1. Administração de projetos – metodologia I. Título.

                                                              CDD: 658.40401

Ficha Catalográfica elaborada por bibliotecário – CRB7 6355

BRASPORT Livros e Multimídia Ltda.
Rua Pardal Mallet, 23 — Tijuca
20270-280 Rio de Janeiro-RJ
Tels. Fax: (21)2568.1415/2568.1507
e-mails: marketing@brasport.com.br
vendas@brasport.com.br
editorial@brasport.com.br
www.brasport.com.br

Filial SP
Av. Paulista, 807 — conj. 915
01311-100 São Paulo-SP

A minha amada esposa, companheira, mentora e amiga, Maria Gabriela Portugal, pelo seu carinhoso apoio, dedicação e paciência, permanecendo ao meu lado e me incentivando a cada palavra escrita nesta obra.

Não se gerencia o que não se mede, não se mede o que não se define, não se define o que não se entende, e não há sucesso no que não se gerencia.

William Edwards Deming (1900-1993),
estatístico americano

Agradecimentos

Agradeço e parabenizo a todos da Editora Brasport pela acreditação e pela atenciosa acolhida e dedicação em todas as etapas que propiciaram a publicação e divulgação desta obra.

Agradeço aos meus pais, que nunca mediram esforços e recursos para assegurarem a minha formação, de quem herdei os valores éticos e morais que me fazem quem eu sou.

Aos meus colegas e amigos em todas as minhas fases de estudos e a todos com quem tive oportunidade de trabalhar, direta ou indiretamente, que, através do convívio, me possibilitaram aprender mais e enriquecer as minhas experiências.

Sobre o Autor

Marco Antonio Portugal, Sócio-Diretor e Cofundador da Anuva, Mestrando em Administração, Gestão da Inovação, Capacidades Organizacionais pelo Centro Universitário da FEI, é formado em Engenharia Civil pelo Centro Universitário da FEI, com MBA em Gerenciamento de Projetos pela FGV, MBA Executivo em Administração pelo Ibmec São Paulo e MBA em Administração pelo Centro Universitário da FEI, além de possuir outros diversos cursos de especialização na sua área de atuação.

Trabalhou por 19 anos em uma das dez maiores empresas do setor da construção civil no Brasil, onde atuou como responsável pelos projetos de desenvolvimento estratégico da empresa, além de exercer posição funcional como gestor de custos e de controle, de auditoria interna, de controle patrimonial e do centro de documentação.

Nos últimos cinco anos, atuou na empresa também como líder da área administrativa das obras e das gerências de tecnologia da informação, de infraestrutura e de sistemas.

Possui mais de 25 anos de experiência no setor da construção civil.

Como gestor de custos e de controle, implementou e conduziu metodologia de acompanhamento de resultados das obras.

Possui certificação *Project Management Professional* (PMP®) pelo *Project Management Institute* (PMI).

Prefácio

A tarefa de ser convidado para prefaciar uma obra técnica de engenharia é sempre um motivo de lisonja, mas também de grande responsabilidade, pois o leitor deposita nessas palavras a confiança de quem indica sinceramente o livro como um profundo interessado no assunto. E isso afortunadamente se confirma!

Quando recebi o convite do Marco encontrei-me também em uma posição adicional: a de um professor que o conhece e o admira de longa data, porém sem tê-lo de fato como aluno em sua sala de aula. Nesse contexto, vale explicar nossa relação profissional e pessoal.

Quando iniciei minhas atividades docentes em 1997, na então Faculdade de Engenharia Industrial (FEI), atual Centro Universitário FEI, onde coordeno o curso de Engenharia Civil, tive a oportunidade de assistir a uma palestra promovida pelo prof. Antonio Castanheira Neto, onde os protagonistas eram os alunos de um grupo que havia participado de uma das competições estudantis do IBRACON (Instituto Brasileiro do Concreto). Um desses alunos era o Marco, e lembro claramente dele contando sobre como a experiência fora enriquecedora e incentivando os demais alunos a participar nos anos seguintes, visto que ele e os colegas estariam prestes a se formar em pouco tempo.

Aquele contato foi muito importante para mim e para o nosso curso, visto que um ano depois o prof. Castanheira teve de se aposentar por motivos de saúde e assumi suas disciplinas, bem como a orientação do projeto que passou a se chamar APO, uma alusão ao nome do concurso. Posso dizer que, sem o entusiasmo transmitido pelo Marco, talvez eu não tivesse percebido a importância da participação no concurso para nossos alunos. Assim, foi graças a isso que, depois de anos figurando entre os cinco melhores resultados, em 2007 conseguimos nossa primeira colocação como campeões e desde então nossas equipes têm estado sempre no pódio nas diversas competições promovidas pelo Instituto. Tudo isso graças ao Marco!

Em outra oportunidade, durante uma de minhas aulas, ele e outros colegas que estavam na época à frente do Centrinho de Engenharia Civil, pediram licença para conversar com a turma sobre um abaixo-assinado para inclusão de novas disciplinas no currículo do curso. Em seu discurso, dizia ele: embora todos naquela sala já estariam formados quando as mudanças fossem implantadas, e, portanto, não seriam beneficiários diretos da iniciativa, era muito importante que todos apoiassem a mudança do currículo para a melhoria contínua do curso do qual eles seriam egressos. Essa posição de liderança, maturidade e visão de futuro foi outro traço marcante que me coloca na posição de grande admirador do Marco. Sempre acreditei que seria um de nossos egressos de grande presença na engenharia brasileira, certeza aumentada porque ele sempre marcou presença nos encontros de ex-alunos que promovemos anualmente, mantendo contato frequente conosco.

E, assim, aquela intuição se concretiza no momento em que o Marco propõe disseminar sua experiência profissional, obtida ao longo dos últimos 18 anos em diversas empresas de porte e cursos de MBA e do PMI (*Project Management Institute*), para todos os engenheiros brasileiros com este brilhante livro, que chega em um momento nacional no qual talvez sua abordagem seja a mais propícia: a do engenheiro como empreendedor, em uma visão técnica associada ao negócio da construção civil, contextualizada no cenário do Brasil que tanto conhecemos. As empresas sobreviventes serão as que produzirem pelo preço certo, sem gorduras excessivas de orçamento e com controle adequado da sua execução.

Este livro se diferencia dos demais que tratam o planejamento, a gestão e a orçamentação de obras justamente por trazer o leitor para dentro do negócio, abordando todas as suas etapas da construção de forma cronológica, um verdadeiro manual para quem pretende enveredar pela gestão de obras tanto no setor público quanto no privado, desde a obtenção das licenças, mobilização inicial de equipes, contratações, compras, até o ciclo de vida do projeto, gerenciamento de riscos, tudo à luz das melhores práticas estabelecidas pelo PMI. Conhecendo de perto a realidade de uma obra, como nos empreendimentos, reformas e projetos dos quais participei, pode-se dizer que muito é oferecido para seu sucesso ao considerar as lições aqui oferecidas.

Ferramentas de gestão como a curva ABC, o livro de ordem, matriz RACI, controle de produtividade e valor agregado das ordens de serviço, elaboração do PLR (Plano de Participação sobre os Lucros e Resultados) são destaques, apresentados de forma prática dentro da realidade da obra, mostrando os benefícios de sua aplicação cuidadosa para o sucesso do empreendimento.

Temas como o encontro de contas dentro de um consórcio, encerramento do projeto, desmobilização de recursos, encerramento de contratações, arquivamento da documentação, manual de operação a manutenção, entrega ao cliente e transmissão de experiências para equipes futuras da empresa finalizam a proposta com chave de ouro, fechando completamente o ciclo do projeto.

Destaca-se ainda o importante apêndice sobre ética e código de conduta para os tempos em que vivemos na política e dentro das empresas, além da questão dos pleitos. E não se pode esquecer de mencionar o apetitoso apêndice que indica o futuro da construção civil: a indústria 4.0, uma novidade que por si vale muito dentro da obra.

Enfim, minha recomendação é a de quem vivenciou a realidade de empreendimentos em diversos níveis e atualmente milita na área acadêmica, entendendo bem que a gestão é, ao lado da boa técnica de engenharia, fundamental para o sucesso de um empreendimento de construção civil, seja ele comercial, público, de infraestrutura ou particular.

Aos leitores, profissionais de engenharia ou não, desejo sucesso ao aplicar as recomendações aqui contidas, por verificar que se trata de uma obra de literatura técnica que muito tem a oferecer!

Ao Marco, tenho certeza de que este será o primeiro de muitos livros seus que trarão grande contribuição para a engenharia brasileira.

Kurt André Pereira Amann
Doutor em Engenharia
Coordenador do Curso de Engenharia Civil do Centro Universitário FEI

Apresentação

O livro "Como gerenciar projetos de construção civil: do orçamento à entrega da obra" foi escrito para atender aos estudantes dos cursos de graduação, pós-graduação e mestrado, na área relacionada a empreendimentos e gerenciamento na construção civil, bem como na fase inicial da formação profissional.

Explica os diversos conceitos voltados à sua área específica, sem ter a intenção de abordar todos os assuntos pertinentes. Mostra bem as competências necessárias para gerenciar o projeto e reflete o entendimento dos recursos, orçamento, controle e programas no planejamento dos empreendimentos.

As necessidades e preocupações são abordadas, mostrando muito bem o ciclo de vida do empreendimento. Mostra com ênfase o relacionamento do empreendimento com as demais áreas da empresa.

De uma forma sequencial e clara, apresenta terminologias, conceitos, métodos e técnicas, proporcionando aos leitores os objetivos específicos da engenharia civil, fazendo com que o livro venha a ser de consulta contínua, dando um valor agregado à produção como indicador dos resultados do planejamento. Uma boa ferramenta.

Meus parabéns ao autor.

Luiz Sérgio Mendonça Coelho
Engenheiro Civil e Professor MSc de Construção Civil
Centro Universitário da FEI – Fundação Educacional Inaciana Padre Sabóia de Medeiros

Sumário

Introdução 1

1. Vamos começar 3
   1.1. Afinal, o que é projeto? 4
   1.2. O gerenciamento de projetos 7
   1.3. Como as empresas estão organizadas 9

2. Fase comercial 11
   2.1. Licitações: setor público e setor privado 11
       2.1.1. Setor público 11
       2.1.2. Setor privado 12
   2.2. Empreendimento 13
       2.2.1. Estudos preliminares 13
   2.3. Proposta técnica e proposta comercial 20
       2.3.1. Formação do preço de venda 21
       2.3.2. Entrega da proposta 28
   2.4. O contrato 30
       2.4.1. Modelos de contratações 31
       2.4.2. Consórcios 39

3. Antes de iniciar 40
   3.1. Relações organizacionais 41
   3.2. Licenças e autorizações 45

4. Trabalhos preliminares 47
   4.1. O canteiro de obras 48
       4.1.1. Segurança patrimonial 49
   4.2. A equipe do projeto 50
   4.3. Operação com equipamentos 54
   4.4. O plano operacional 55
       4.4.1. O escopo e os objetivos do projeto 56
       4.4.2. Projeção financeira 60

5. Ciclo de vida do projeto 63
5.1. Planejamento de mobilização 66
- 5.1.1. Detalhamento das atividades 67
- 5.1.2. Sequenciamento das atividades 71
- 5.1.3. Duração das atividades 72
- 5.1.4. Cronogramas de recursos 73
- 5.1.5. Meio ambiente, saúde e segurança no trabalho 74
- 5.1.6. O plano de execução 74
- 5.1.7. Riscos 80

5.2. Execução 85
- 5.2.1. Compras 86
- 5.2.2. Contratações 94
- 5.2.3. Almoxarifado da obra 97
- 5.2.4. Ordem de serviço (OS) 98
- 5.2.5. Atividade extra e atividade adicional 100
- 5.2.6. Controle sobre os desenhos 102
- 5.2.7. Medições dos serviços contratados e realizados 103

5.3. Monitoramento e controle 103
- 5.3.1. O livro de ordem e a comunicação no projeto 104
- 5.3.2. Avanço das atividades 107
- 5.3.3. Inspeções de início, intermediárias e finais 116
- 5.3.4. Produtividade de equipamentos e equipes 117
- 5.3.5. Avaliação da equipe do projeto 120

5.4. Relatórios de desempenho 122
- 5.4.1. Encontro de contas em consórcios 123

5.5. Desmobilização e encerramento 125
- 5.5.1. Desmobilização dos recursos 125
- 5.5.2. Documentação e arquivo 127

6. Próximos passos 131

Apêndices 133
- A. Ética e código de conduta 133
- B. A indústria 4.0 136
- C. Pleitos 138

Bibliografia 141

Introdução

Há uma carência de formação acadêmica administrativa do engenheiro civil, do arquiteto, dos profissionais técnicos da construção civil de um modo em geral, em prepará-los para o gerenciamento de projetos.

Gerenciar um projeto não se resume às técnicas de planejamento, bem ensinadas na academia, ou a controlar praticamente tudo, como o dia a dia na profissão, sem razão aparente, muitas vezes acaba exigindo.

Para o engenheiro civil, para o arquiteto, para o profissional técnico da construção civil, o aprendizado no gerenciamento de projetos vem com a experiência, muitas vezes obtida de maneira intuitiva, graças ao sequenciamento praticamente natural da execução de uma construção.

Passos básicos e de um certo modo ordenados: definir o terreno, escolher o melhor desenho, preparar o orçamento, iniciar a limpeza e a marcação da área, fundações, estruturas, fechamentos, instalações, acabamentos, limpeza final e entrega.

Ao engenheiro civil e ao arquiteto, de suas formações, cabem a condução técnica das atividades, a orientação das pessoas e o correto emprego dos materiais e dos equipamentos, mas sendo eles também os responsáveis pelo negócio da construção, devem saber, por exemplo: o custo da obra está dentro do orçamento? A obra será concluída no prazo? Tudo que foi previsto está sendo executado? Todos os requisitos estão sendo atendidos?

Os engenheiros civis e arquitetos que iniciam suas carreiras na execução de obras e que buscam meios para se destacarem e se desenvolverem profissionalmente e os profissionais que, já com alguma experiência, desejam qualificar os seus conhecimentos precisam tentar entender a construção como um negócio, um negócio lucrativo.

A visão da construção como um negócio não é obtida na academia, e mesmo muitos profissionais com anos de vivência não tiveram a oportunidade de contato com as melhores práticas para o gerenciamento de uma obra.

Este livro reúne para o engenheiro civil, para o arquiteto e outros tantos profissionais do setor da construção civil o essencial em conhecimento sobre o gerenciamento de projetos, associado de maneira prática, simples e resumida a cada etapa da execução de uma construção, do seu orçamento até a entrega ao cliente, facilitando a leitura com a sua aplicação imediata.

1. Vamos começar

Não, você não está sozinho. Todos, ou ao menos quase todos, passaram um dia ou estão passando por esse momento e pela mesma situação, pela mesma necessidade de aprimoramento em seus conhecimentos e de se organizar e conduzir administrativamente a execução de uma obra.

Alguns, percebedores como você dessa lacuna, buscaram de imediato supri-la através do preenchimento com os conhecimentos necessários. Outros, talvez, tenham optado por adiar um pouco essa busca, uma opção involuntária diante das demandas da profissão no início da carreira e de como vão surgindo as oportunidades, mas o que realmente importa é a decisão e a sua realização, para um proveito em sua carreira, numa maior compreensão do mercado em que atua.

Mas do que exatamente estamos falando?

Em nossa formação acadêmica recebemos informações técnicas suficientes para exercemos a nossa profissão, mas o que isso representa **exatamente**?

Vamos estabelecer uma analogia com a profissão de um médico, com a qual todos nós temos ou tivemos em algum momento um certo nível de relação de contato. Todo médico realiza cirurgias, de qualquer tipo? Todo médico trabalha unicamente ou exclusivamente em hospitais? Entende de todas as doenças? Não. Há especializações na profissão, não é mesmo?

Mas até aí não deve ser muita novidade. As necessidades e as possibilidades de especialização, para quem está atuando no mesmo mercado em que se formou, ou até mesmo durante a sua formação acadêmica, já devem ter sido percebidas. Há uma predileção por uma ou outra atividade da formação acadêmica, e essa vontade aparece naturalmente, facilitada pela participação em um programa sério de estágio supervisionado, através do qual o profissional em formação começa a ter contato com o mercado de trabalho.

Voltemos à analogia com a profissão de um médico. Ao se formar, o médico iniciou a sua carreira realizando o atendimento em um pronto-socorro de hospital, por exemplo. O paciente entra na sua sala, ele o atende, realiza o diagnóstico e faz o encaminhamento necessário para outro setor do hospital ou não – dependendo do caso, apenas prescreve uma receita médica e dispensa o paciente. Qual o tamanho do hospital? Quantos atendentes, enfermeiros, sistemas informatizados, formulários, cadeiras de espera, etc. são necessários para realizar um atendimento adequado aos pacientes? Para o médico tudo isso pode ser razoavelmente transparente, mas há uma complexidade de serviços, de processos e de recursos que precedem o seu atendimento, e igualmente outra gama de ações que ocorrem posteriormente.

Aí está o ponto-chave da questão. O entendimento geral de como funciona o negócio onde o profissional está inserido, a sua organização, o papel de cada um nos processos e quais seriam esses processos, a conexão entre as atividades e os recursos necessários, o controle desses recursos. A percepção de como esse negócio em que está inserido se reflete no mercado, em um nível tal que a excelência no processo de atendimento permita a captação e a manutenção esperada de clientes para o hospital. O bom trabalho de um médico de nada adiantará se o paciente for mal recebido no hospital, não tiver um local adequado de espera, a espera for demorada, perderem o seu cadastro...

Mas nós do setor da construção civil temos um aspecto complementar, que se relaciona fortemente com todos os demais aspectos apresentados no exemplo do médico, que se chama **projeto**.

1.1. Afinal, o que é projeto?

Existe uma grande confusão. O que é projeto para um engenheiro, para um arquiteto, para um profissional do setor da construção civil?

Nós aprendemos que projetos representam os desenhos, as informações de uma etapa ou visão de uma construção. O projeto arquitetônico apresenta as dimensões físicas da obra, o espaço que ela irá ocupar no terreno, as dimensões dos ambientes, as localizações primárias de pilares, o posicionamento das instalações fixas, dos elevadores, das peças sanitárias, etc. O projeto de elétrica traduz, também através de formas gráficas, como se distribuem as instalações de tomadas, interruptores, pontos de iluminação e passagens das fiações sobre o projeto arquitetônico.

Temos, desse modo, vários outros projetos, de fôrmas, de armação, de fundações, de acabamentos, de hidráulica, todos com objetivo único: apresentar, na forma de desenhos, as informações de uma etapa ou visão de uma parte da construção.

Poderíamos chamar então projetos apenas de desenhos, ou de plantas, como também são chamados os desenhos de uma construção? Se chamássemos apenas de desenhos, qual emprego haveria a palavra projeto para a construção civil?

Se buscarmos a palavra "projeto" em um dicionário da língua portuguesa, encontraremos diversas definições e aplicações, mas não vamos complicar, vamos nos ater ao negócio da construção civil. Lembremos: nós também chamamos de projeto o edifício, a estrada, o aeroporto, a ponte, enfim, qualquer que seja o objetivo da construção. "Esse é o projeto do novo edifício residencial"; "apresentamos o projeto do mais novo aeroporto da cidade".

Quem escuta essas frases tem o entendimento de que, em breve, nessa cidade, haverá um novo edifício residencial, um novo aeroporto, com características tais que os tornarão únicos, distintos de quaisquer outros que já existam nessa ou em qualquer outra cidade. Esse entendimento está correto. O emprego de **novo**, ou da expressão **mais novo**, ressalta na palavra projeto uma das suas principais definições, a de realização de algo único, onde será necessário o emprego de pessoas, de materiais e de equipamentos, organizados de acordo com um processo sequencial de atividades de tal modo que, passado o tempo de realização dessas atividades (construção), resulte no novo edifício, no aeroporto, tal como foram definidos (ABNT, 2012, p. 3). Isso conceitua, genericamente, o que é projeto.

O Conselho Federal de Engenharia e Agronomia (CONFEA), através da Decisão Normativa nº 106, de 17 de abril de 2015, conceitua oficialmente o termo projeto na construção civil no Brasil e lhe atribui algumas tipificações. O projeto é definido "[...] como a somatória do conjunto de todos os elementos conceituais, técnicos, executivos e operacionais abrangidos pelas áreas de atuação, pelas atividades e pelas atribuições dos profissionais da Engenharia [...]" (CONFEA, 2015, p. 62).

Ainda de acordo com o CONFEA (2015), o projeto é tipificado em projeto básico e projeto executivo, e o projeto arquitetônico como uma subcategoria de projeto básico.

> I – o **Projeto Básico**, abordado pela Resolução nº 361, de 1991, e pela Orientação Técnica IBRAOP/OT – IBR 001/2006, que consiste nos principais conteúdos e elementos técnicos correntes aplicáveis às obras e serviços, sem restringir as constantes evoluções e impactos da ciência, da tecnologia, da inovação, do empreendedorismo e do conhecimento e desenvolvimento do empreendimento social e humano, nas seguintes especialidades: a) levan-

tamento topográfico; b) sondagem; c) projeto arquitetônico; d) projeto de terraplenagem; e) projeto de fundações; f) projeto estrutural; g) projeto de instalações hidráulicas; h) projeto de instalações elétricas; i) projeto de instalações telefônica, de dados e som; j) projeto de instalações de prevenção de incêndio; k) projeto de instalações especiais (lógicas, CFTV, alarme, detecção de fumaça); l) projeto de instalações de ar-condicionado; m) projeto de instalações de transporte vertical; e n) projeto de paisagismo.

Parágrafo único. Esclarecer que, conforme disciplinamento da Orientação Técnica IBRAOP/OT – IBR 001/2006, **Projeto Arquitetônico** consiste em uma subcategoria tipificada do "Projeto Básico", cujo conteúdo técnico de seu desenho pode contemplar: situação; implantação com níveis; plantas baixas e de cobertura; cortes e elevações; detalhes que possam influir no valor do orçamento; indicação de elementos existentes, a demolir e a executar, em caso de reforma ou ampliação; e cujo conteúdo técnico de sua especificação pode contemplar materiais, equipamentos, elementos, componentes e sistemas construtivos.

II – o **Projeto Executivo**, que consiste no conjunto dos elementos necessários e suficientes à execução completa da obra ou do serviço, conforme disciplinamento da Lei nº 8.666, de 1993, e das normas da Associação Brasileira de Normas Técnicas – ABNT (CONFEA, 2015, p. 62, grifo nosso).

A Figura 1 representa os níveis de abrangência das informações em cada uma das tipificações para projeto no setor da construção civil.

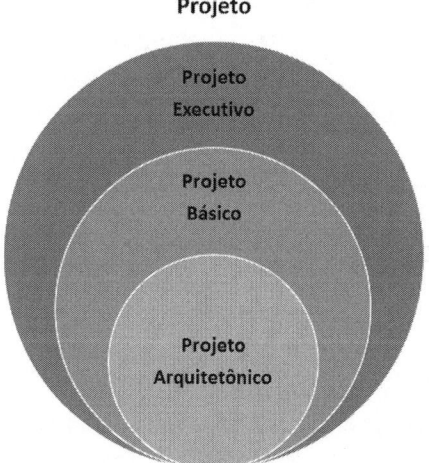

Figura 1. Tipificações para projeto da construção civil.
Fonte: autor

A definição de projeto para a construção civil poderia ser então resumida como sendo um conjunto de informações impressas de maneira diversa, através de textos, cálculos e de desenhos, que reúnem especificações e referencial técnico necessários para definir o que deve ser construído e como deve ser construído.

1.2. O gerenciamento de projetos

Já esclarecemos a definição de projeto para o setor da construção civil, então suponho que concordemos que gerenciar projetos não significa controlar as revisões dos desenhos ou plantas, distribuir cópias dos desenhos para as pessoas interessadas, efetuar o registro de arquivo desses desenhos, etc. Não; apesar de serem atividades importantes e relacionadas ao gerenciamento de projetos, não representam a sua definição.

Os profissionais do setor da construção civil, mais especificamente o arquiteto e o engenheiro civil, possuem entre as suas atribuições a execução e direção técnica de obras; a supervisão, coordenação e orientação técnica na execução das obras (CONFEA, 1973). O gerenciamento de projetos traz em sua definição um contexto mais abrangente.

O profissional do setor da construção civil que estiver por exercer as atividades em gerenciamento de projetos, denominado sob os mais variados tipos de cargos (gerente do projeto, gerente do contrato, engenheiro residente, chefe do canteiro, gerente da obra, etc.) terá entre as suas atribuições e responsabilidades não somente garantir a solidez e a durabilidade da construção através de sua atuação técnica, como responderá também pelo cumprimento do orçamento e do prazo estipulados para a obra, atendendo a todas as legislações pertinentes, fazendo-se valer para isso de pessoal capacitado, de equipamentos e dos materiais necessários para execução da obra, prestando regularmente e pontualmente, quando assim for requisitado, informações e esclarecimentos aos interessados pelo projeto.

Cada empresa procura ter definido o seu perfil próprio de profissional para exercer as atividades em gerenciamento de projetos, umas mais, outras menos abrangentes e/ou exigentes. Todavia, há que se estabelecer uma linha mínima de requisitos.

Keelling (2002) afirma que o gerente de projeto deve ter conhecimentos apropriados em três áreas de habilidades: 1) orgânicas de administração; 2) conhecimento profissional especializado; e 3) conhecimento mecânico. Enquanto a segunda e a terceira habilidades estão relacionadas a técnicas de formação (graduação) e de especialização e aplicação de ferramentas de gestão, a primeira se refere ao comportamental do indivíduo, em como se relaciona, lidera e motiva pessoas, como se comunica, o quanto é firme, corajoso e determinado. O autor engloba também nessa primeira habilidade a técnica que considero mais fácil para os engenheiros e arquitetos: a capacidade de visão espacial e de imaginar e prever situações.

Talvez mais importante que as suas habilidades, o gerente do projeto precisa entender e se colocar no contexto do ambiente do projeto e saber associar e aplicar as suas habilidades diante desse contexto.

De nada adiantará um monte de habilidades e competências se não houver coesão, união, composição de sua atuação com os demais elementos principais do ambiente do projeto: os recursos, os processos/tecnologia e o cliente.

Permita-me uma alusão ao jogo de pião (me refiro ao brinquedo, não ao peão de obra) para explicar o gerente do projeto no contexto do ambiente do projeto. A Figura 2 relaciona cada elemento do ambiente do projeto à estrutura do jogo de pião.

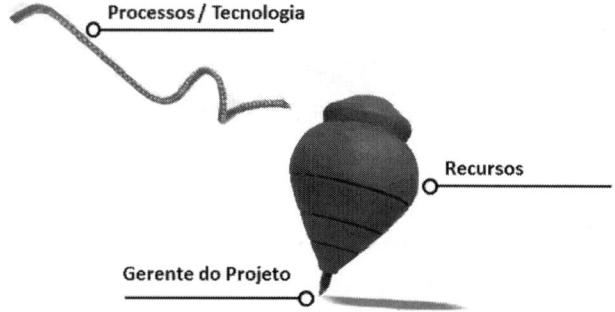

Figura 2. O gerente do projeto no contexto do projeto.
Fonte: autor

- ✓ **Ponta (gerente do projeto):** apoia o pião no terreno; suporta a sua estrutura; diminui o atrito com o solo e estabelece ritmo ao conjunto; propicia velocidade e duração aos giros do pião.
- ✓ **Corpo (recursos):** responsável pelo equilíbrio do pião; peso e dimensões formam o seu centro de gravidade, que limita a duração dos giros do pião; área de aplicação da fieira.
- ✓ **Fieira ou barbante (processos/tecnologia):** elemento que, quando aplicado, faz o pião girar; seu comprimento e aderência firme à área do corpo do pião resultam em velocidade e duração dos giros do pião; para não vir a romper ou a perder eficiência, o seu uso constante exige substituição com o tempo.

Vamos substituir a palavra pião por projeto, nas mesmas características do jogo do pião. A ideia com esse exemplo é resumir e ilustrar o quão importante é o gerente de projetos no conjunto do projeto. O pião até gira sem ele, mas não vai girar da mesma forma, com o mesmo equilíbrio e na velocidade e duração necessários.

Por outro lado, de nada adiantará um excelente gerente de projetos se os recursos não forem adequados, em conteúdo e em características suficientes para o projeto, como também nada funcionará se os processos/tecnologia não forem empregados de forma correta, não forem aderentes aos recursos do projeto.

Se você lembrar o que eu mencionei de início, deve estar se perguntando: onde está o cliente? O cliente é quem puxa o barbante, é quem faz com que o jogo aconteça. Sem ele, o pião é uma bela peça de decoração.

1.3. Como as empresas estão organizadas

De acordo com o Departamento da Indústria da Construção da Federação das Indústrias do Estado de São Paulo (DECONCIC/FIESP, 2016), os segmentos da construção civil podem ser agrupados em **Edificações** e **Construção Pesada**. Essa classificação se faz necessária diante da vastidão e diferença estrutural que a construção civil apresenta, mesmo que haja segmentos e subgrupos comuns a esses dois agrupamentos.

A classificação, os segmentos e os subgrupos representados pela DECONCIC/FIESP estão representados na Figura 3.

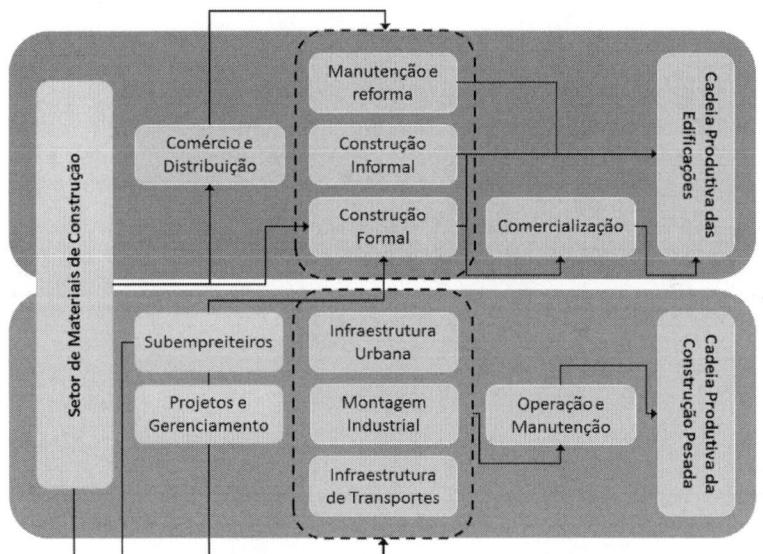

Figura 3. Segmentação geral da cadeia da construção civil.
Fonte: adaptado de DECONCIC/FIESP, 2008, p. 13

Para exemplificar esses dois segmentos:

- ✓ **Edificações:** obras habitacionais e de edifícios comerciais, industriais, agropecuários e demais edificações para uso público e privado.
- ✓ **Construção pesada:** obras de infraestrutura, caracterizadas como de maior porte, compreendendo rodovias, ferrovias, hidrovias, portos, aeroportos, usinas hidroelétricas, barragens, saneamento, etc.

Há empresas que atuam de maneira diversificada, com a execução de obras para o setor público e para o setor privado e em ambos os segmentos.

Também é possível identificar empresas que atuam em apenas um segmento de obra e/ou apenas um setor – por exemplo, de construções residenciais habitacionais, públicas ou privadas, no segmento de edificações, ou na execução de rodovias para o setor público, no segmento de construção pesada.

Quando falo de empresas, refiro-me especificamente às construtoras, mas, como demonstrado na Figura 3, existem outros tipos de empresas atuantes na cadeia da construção civil:

- ✓ Fabricantes, fornecedores e distribuidores de materiais e de equipamentos de construção.
- ✓ Subempreiteiros, empresas de terceirização de serviços especializados e de locação de equipamentos.
- ✓ Projetistas, arquitetura, cálculos e desenvolvimento dos desenhos.
- ✓ Gerenciadoras, responsáveis por representar e intermediar o cliente perante a construtora.
- ✓ Comercialização de empreendimentos, incorporadores.
- ✓ Manutenção e administração do empreendimento.

Mais adiante voltarei com maiores detalhes para cada um desses agentes do segmento da construção civil, principalmente para tratar de como eles se relacionam (quem contrata e quem é contratado). Mas, apenas para simplificar, continuarei a denominar as construtoras de "empresas".

2. Fase comercial

2.1. Licitações: setor público e setor privado

Sendo a empresa de atuação em qualquer um dos dois setores, ou em ambos, é preciso captar as demandas de mercado e oferecer os seus serviços. A maneira de atuar da empresa dependerá do setor contratante; há distinções na forma de contratação da execução de obras pelo setor público e pelo setor privado.

2.1.1. Setor público

Não é o objetivo aqui traçar o processo em seus exímios detalhes, pois se assim fosse feito seria tema para outro livro. Sim, o processo de contratação da execução de obras pelo setor público é complexo e o processo adotado em nosso país é classificado por muitos como sendo rudimentar. Mas não vamos nos ater aos detalhes.

Acredito que a melhor forma de relatar esse processo seja através de um exemplo hipotético elaborado sobre a modalidade mais comum de contratação. Vamos, então, visualizar o caso da prefeitura de uma cidade que identifica a necessidade de construir um viaduto para interligar duas grandes avenidas. A prefeitura elabora o edital e faz a sua publicação no Diário Oficial da cidade e/ou em jornal de grande circulação, contendo um resumo sobre o edital de concorrência, para tornar público o seu interesse em contratar empresa com esse objetivo.

As empresas interessadas efetuam a compra de uma cópia do edital da concorrência, que compreende todo o conjunto de informações necessárias para que possam elaborar as suas propostas. O conteúdo mínimo necessário a constar em um edital é estabelecido através da Lei nº 8.666, de 21 de junho de 1993, que institui normas para licitações e contratos da Administração Pública. É a lei principal vigente que rege o processo de contratação e execução de obras públicas. O edital trará como conteúdo, entre outras informações, os detalhes técnicos, que compõem desenhos básicos de construção (projetos básicos), quantidades e preço de referência para a obra.

A empresa precisa atender às regras de habilitação para poder participar da concorrência. Compõem essas regras, entre outros itens, a exigência de que a empresa possua índices mínimos calculados sobre o seu balanço contábil e que assim reflitam a sua capacidade financeira; e a apresentação de comprovações da capacidade técnica de execução de obras similares exigidas pelo edital, comprovação feita através de atestados de capacidade técnica dos profissionais que compõem o quadro técnico da empresa.

Da análise do cumprimento dos requisitos estabelecidos em edital, uma vez estando a empresa habilitada pela comissão julgadora da concorrência, o seu envelope contendo a proposta com o preço é aberto, junto com os envelopes das demais empresas habilitadas. A empresa que ofertar o menor preço em sua proposta é a vencedora para a execução da obra.

Publicado o resultado, a empresa é convocada a celebrar a assinatura do contrato e a iniciar os seus trabalhos, tão logo seja emitida a correspondência com a ordem de início.

Tudo deve ser regido em cumprimento à Lei nº 8.666/93. Mais recentemente, foi criada a Lei nº 12.462, de 04 de agosto de 2011, que institui o Regime Diferenciado de Contratações Públicas (RDC), que teve por objetivo dar um ritmo mais célere às contratações para obras necessárias para a realização dos grandes eventos mundiais celebrados no Brasil entre 2013 e 2016 (entre eles, a Copa do Mundo de Futebol e os Jogos Olímpicos).

2.1.2. Setor privado

Por mais que, em alguns aspectos, o seu modelo de contratação possa se espelhar no modelo de contratação pública, o setor privado inevitavelmente pratica regras e decisões que podem chegar, por exemplo, à contratação da empresa que oferecer um conjunto de soluções em sua proposta que sejam atrativas a tal ponto que se justifique pagar mais por elas.

Diferentemente também do setor público, o contratante do setor privado, de maneira geral, não possui uma estrutura própria voltada para a contratação da execução de obras – esta por muitas vezes se trata de um evento pontual da empresa, talvez antes nunca feito e que casualmente nunca se repetirá. Essas empresas contratam inicialmente uma empresa gerenciadora, que se encarrega de todo o processo técnico e da execução da licitação, e costumeiramente também é a responsável por acompanhar toda a execução do projeto.

A construtora que atua no setor privado deve ter em sua estrutura uma área comercial responsável por acompanhar no mercado os potenciais projetos aos quais a empresa poderá ser candidatar e apresentar uma proposta, além de atender e esclarecer todas as dúvidas do potencial cliente e ser o canal de comunicação entre as empresas em todo o processo de elaboração e apresentação da proposta até a sua decisão por contratação. Não raramente, o setor comercial também atende ao pós-venda, acompanhamento efetuado junto ao gerente do projeto da execução do projeto, facilitando a solução de divergências não previstas na fase de contratação ou dirimindo eventuais dúvidas.

2.2. Empreendimento

Para uma construtora, quer seja no setor público ou no setor privado, o seu papel começa a existir no momento em que o contratante divulga o seu interesse em contratar uma empresa para execução da obra, para execução de seu projeto.

Mas muito foi feito até se chegar a essa fase, e muito mais ocorrerá com a obra após a sua conclusão. Então, o processo de licitação se encaixa dentro de um contexto, que tem início com uma intenção ou necessidade de investimento, passa por um estudo de viabilidade, pela execução do projeto e por uma fase final de utilização do que foi construído, dentro do propósito que o tornou viável.

2.2.1. Estudos preliminares

Identifica-se uma oportunidade ou surge uma necessidade. São desses momentos que partem os estudos para se concluir ou não pela viabilidade da ideia principal.

Uma oportunidade se expressa, por exemplo, por um investidor que identifica em uma certa região a carência de um edifício comercial. Ele poderá explorar a venda ou a locação de salas comerciais do edifício que vier a construir.

Uma necessidade surge, por exemplo, quando, diante do aumento da população de uma cidade, há a necessidade da construção de um novo hospital.

O edifício comercial, o hospital, o viaduto, qual seja o objeto da construção, este será o produto a ser estudado e decidido sobre sua viabilidade de investimento.

Surge aqui uma nova nomenclatura, a de produto. O produto é o objetivo do projeto. É através do projeto de construção de um hospital que teremos o hospital.

Mas uma fábrica também gera produtos, então isso também se trata de projeto? Não. Os produtos de uma fábrica são o resultado de um processo, não de um projeto. Processo é algo repetitivo, que tem por objetivo gerar produtos, vários e vários produtos iguais. Projeto, como já vimos, resulta em algo único.

Nos projetos de construção, a construção em si pode ser o produto final de análise, quando através dela é que se gerará a receita esperada, ou pode ser um componente de custo de um produto, quando a construção é um recurso necessário para a sua produção, sendo a viabilidade da construção definida pela viabilidade desse produto.

2.2.1.1. Estudo de viabilidade econômica

A viabilidade de um projeto de construção, analisada acerca do retorno esperado sobre ela própria ou sobre o produto que ela propiciará, pode ser concluída através da análise conjunta de três indicadores: Valor Presente Líquido (VPL), Taxa Interna de Retorno (TIR) e retorno do capital. Esse estudo é chamado de viabilidade econômica.

É importante entender como calcular esses indicadores, para se ter uma percepção do contexto em que um projeto se encontra.

A partida é o levantamento preliminar de custos com o projeto. Esse levantamento pode, para um primeiro cálculo, ser elaborado através de índices de custo de construção por metro quadrado, facilmente encontrados em revistas e sindicatos do setor de construção. Conforme se ganha maior confiança na sua viabilidade, as estimativas de custo de construção devem ser aprimoradas e o estudo atualizado, ao passo da estimativa ser substituída pelo orçamento final obtido através do processo de licitação.

Os demais custos a serem considerados são relacionados ao produto e à manutenção da construção, para o período de análise.

Caso a construção seja o produto, no estudo considera-se a expectativa de receita com a venda ou locação da construção. Se a construção for um recurso necessário para outro produto, o seu custo deve ser associado aos demais custos da produção desse produto e com as receitas esperadas com suas vendas. A viabilidade da construção se dará pelo resultado da análise da viabilidade desse produto.

Em geral, avalia-se um período não muito longo, apenas o suficiente para ter os índices confiáveis e cobrir o retorno do capital, quando ocorrer.

Não se preocupe, o Microsoft Excel calcula tudo para você, mas antes de demonstrar como fazer através de um exemplo, vamos entender as fórmulas para depois poder interpretar melhor os resultados.

Valor Presente Líquido (VPL):

$$VPL = \sum_{t=1}^{n} \frac{FCt}{(1+i)^t}$$

Onde:

- ✓ **FC** é o fluxo de caixa no período;
- ✓ **t** é o período, normalmente em meses;
- ✓ **n** é o tempo total do fluxo de caixa;
- ✓ **i** é o custo do capital ou taxa de atratividade.

O custo do capital ou taxa de atratividade deve cobrir o investidor do retorno esperado sobre o seu investimento a ponto que compense correr o risco sobre o projeto, portanto deve ser um índice no mínimo superior ao maior índice de investimento do mercado financeiro ou referenciado à taxa apurada pelo Banco Central do Brasil no Sistema Especial de Liquidação e de Custódia, denominada Taxa Selic (BANCO CENTRAL DO BRASIL, 2016).

Taxa Interna de Retorno (TIR):

$$VPL = 0 \sum_{t=1}^{n} \frac{FCt}{(1+TIR)^t}$$

Onde:

- ✓ **FC** é o fluxo de caixa no período;
- ✓ **t** é o período, normalmente em meses;
- ✓ **n** é o tempo total do fluxo de caixa.

A TIR é a taxa que faz com que o valor presente líquido (VPL) do fluxo de caixa do projeto seja igual a zero.

Retorno do capital:

$$RC = T \text{ quando } \sum_{t=1}^{T} FCt = I_0$$

Onde:

✓ **FC** é o fluxo de caixa no período;
✓ **t** é o período, normalmente em meses;
✓ I_0 é o valor do investimento inicial.

Como conclusão do estudo de viabilidade, o projeto é viável quando atender isoladamente ao critério de o Valor Presente Líquido (VPL) ser positivo, a Taxa Interna de Retorno (TIR) ser maior ou igual à taxa de atratividade (i) e o Retorno do Capital (RC) ocorrer em um tempo T aceitável (quanto menor o tempo, menor o risco).

$$VLP > 0; \quad TIR \geq i; \quad T \text{ mínimo}$$

Exemplo:

Uma empresa pretende expandir a sua produção de bicicletas e para isso necessitará construir, em um espaço disponível no terreno da sua atual fábrica, um galpão e um pequeno edifício administrativo. Estima-se, com base nos índices divulgados pelo setor econômico de um sindicato de construtores da região, que essas construções sairão por $ 20.000,00. Em conversa com uma empresa gerenciadora, esta estima que tal construção levará oito meses para ser concluída e que será necessário o pagamento de 10% como sinal na assinatura do contrato de início. Prevendo-se pagamentos regulares e mensais à construtora durante a fase de construção e conhecido o custo de fabricação de cada bicicleta, mais a expectativa de vendas mensais, essa empresa elaborou uma planilha eletrônica contendo os dados mostrados na Figura 4.

	A	B	C	D	E	F	G	H	I
1	Evento	Obra	Custos	Receitas	Saldo	VPL			
2	Sinal	-2.000,00	0,00	0,00	-2.000,00	-2.000,00	i =	1,00	
3	1	-2.250,00	0,00	0,00	-2.250,00	-4.227,72	VPL =	8.113,00	=VPL(H2/100;E3:E26)+E2
4	2	-2.250,00	0,00	0,00	-2.250,00	-6.433,39			
5	3	-2.250,00	0,00	0,00	-2.250,00	-8.617,22			
6	4	-2.250,00	0,00	0,00	-2.250,00	-10.779,42	TIR =	3,72%	=TIR(E2:E26;H2/100)
7	5	-2.250,00	0,00	0,00	-2.250,00	-12.920,22			
8	6	-2.250,00	0,00	0,00	-2.250,00	-15.039,82			
9	7	-2.250,00	0,00	0,00	-2.250,00	-17.138,44			
10	8	-2.250,00	0,00	0,00	-2.250,00	-19.216,27			
11	9	0,00	-2.000,00	0,00	-2.000,00	-21.044,95			
12	10	0,00	-2.000,00	4.300,00	2.300,00	-18.962,79			
13	11	0,00	-2.000,00	4.300,00	2.300,00	-16.901,25			
14	12	0,00	-2.000,00	4.300,00	2.300,00	-14.860,12			
15	13	0,00	-2.000,00	4.300,00	2.300,00	-12.839,19			
16	14	0,00	-2.000,00	4.300,00	2.300,00	-10.838,28			
17	15	0,00	-2.000,00	4.300,00	2.300,00	-8.857,17			
18	16	0,00	-2.000,00	4.300,00	2.300,00	-6.895,69			
19	17	0,00	-2.000,00	4.300,00	2.300,00	-4.953,62			
20	18	0,00	-2.000,00	4.300,00	2.300,00	-3.030,78			
21	19	0,00	-2.000,00	4.300,00	2.300,00	-1.126,98			
22	20	0,00	-2.000,00	4.300,00	2.300,00	757,98			
23	21	0,00	-2.000,00	4.300,00	2.300,00	2.624,27			
24	22	0,00	-2.000,00	4.300,00	2.300,00	4.472,08			
25	23	0,00	-2.000,00	4.300,00	2.300,00	6.301,59			
26	24	0,00	-2.000,00	4.300,00	2.300,00	8.113,00			

Figura 4. Exemplo de cálculos de viabilidade.
Fonte: autor

Para a situação da planilha da Figura 4, vemos que a empresa chegou ao resultado de VPL = $ 8.113,00 para 24 meses de cálculo e TIR = 3,72% para o mesmo período (as fórmulas utilizadas estão indicadas ao lado dos respectivos resultados).

A empresa considera que, para aprovar um projeto, a TIR deve ser maior que 1,00% e o RC deve ocorrer em menos de 24 meses.

Dos resultados:

- ✓ **VPL:** 8.113,00 > 0
- ✓ **TIR:** 3,72% > 1,00%
- ✓ **RC:** 20 < 24

O projeto atende a todos os indicadores estabelecidos pela empresa, o que permite que ele seja aprovado.

Caso, utilizando do mesmo exemplo da Figura 4, em vez do custo mensal de $ 2.000,00 as bicicletas custassem $ 3.000,00 mensais para serem fabricadas, os resultados seriam:

- ✓ **VPL:** −5.478,71 < 0
- ✓ **TIR:** −1,33% < 1,00%
- ✓ **RC:** 30 > 24

O projeto não atenderia a nenhum dos indicadores estabelecidos pela empresa, o VLP em 24 meses seria negativo, com a TIR inferior à taxa de oportunidade e RC ocorrendo somente no mês 30.

Uma empresa pode se ver na necessidade de analisar e escolher um entre dois ou mais projetos disponíveis para serem executados no momento. Além dos indicadores de viabilidade econômica que vimos aqui, e antes mesmo de mencionar qualquer outro tipo de estudo de viabilidade, é preciso salientar que números relativos precisam ser analisados dentro de contextos absolutos, ou seja, analisar, por exemplo, a vantagem pela escolha de um projeto com uma TIR maior em vantagem sobre um RC mais curto e/ou um VPL maior.

Tabela 1. Viabilidade econômica entre projetos

Projeto	VPL	TIR	RC
Projeto A	$ 15.250,00	1,95%	18
Projeto B	$ 12.400,00	2,10%	21
Projeto C	$ 8.133,00	3,72%	20

Fonte: autor.

Então, qual entre os três projetos com os dados de viabilidade econômica apresentados na Tabela 1 você escolheria? Não responda ainda, você poderá estar deixando para trás a possibilidade de realizar o melhor projeto para a empresa no momento. Veremos a conclusão mais adiante.

2.2.1.2. Outros estudos de viabilidade e padrões para seleção

Você passou pelo estudo de viabilidade econômica com resultado favorável à decisão pelo seu investimento. Sim, ele é viável economicamente, mas essa informação não é suficiente.

O potencial negócio deve ser cercado de todos os estudos conhecidos necessários para trazer segurança na decisão de viabilidade do investimento, sempre na abrangência do produto, lembrando que a construção pode ser ou não o produto do projeto.

No caso do exemplo do tópico anterior, o produto do projeto são as bicicletas, e a construção é um recurso para possibilitar a fabricação das bicicletas.

Em ambos os contextos, construção como produto ou não do projeto, os estudos não deixam de passar por alguns desses exemplos de critérios de avaliação complementares:

- ✓ **Avaliação do entorno:** construir um edifício de altíssimo padrão em uma região predominantemente de padrão inferior ou vice-versa. Ausência de transporte público, de comércios, de vias condizentes de acesso (construção de uma indústria onde os caminhões de transporte não possuem via para acesso ou que seja localizada em região de circulação restrita a esse tipo de veículo), da garantia de serviços de energia elétrica, gás, água e esgoto que atendam aos requisitos do projeto de construção.
- ✓ **Capacidade administrativa e de fôlego financeiro:** ter válidas todas as condições de negócio para encarar a fase de projeto, se todos ou boa parte dos requisitos estão cobertos pelo escopo do projeto, se há recurso financeiro garantido para execução da obra, considerando a necessidade de uma reserva para cobrir eventuais mudanças no projeto.
- ✓ **Licenças, autorizações e aprovações:** a região, a construção e sua operação (propósito final da construção) demandam uma relação de obrigações a serem cumpridas antes, durante e até mesmo depois da construção. Essas exigências vão desde a retirada de uma árvore do

terreno no início da obra até o dimensionamento e adequações das vias do seu entorno, por exemplo, de um grande centro comercial, para suportar o aumento de tráfego de veículos previstos quando a obra estiver concluída, requisitos que devem estar previstos no projeto (pense no caso da construção de um centro comercial que, em fase de conclusão, tem da prefeitura local a exigência de duplicação da via de acesso para que obtenha a autorização de funcionamento, requisito que poderia ter sido previamente levantado e previsto nos custos do projeto, com o seu impacto sendo considerado no estudo da viabilidade econômica).

✓ **Condições comerciais estratégicas:** há aqui um peso subjetivo importante. Talvez interesse para a empresa, por exemplo, apostar na execução de um projeto que possa trazer um resultado ruim ou até mesmo negativo em um primeiro momento, em prol da empresa entrar em um novo mercado, de aprender uma nova tecnologia ou de conquistar um novo cliente em vista a um segundo projeto que este cliente possua.

✓ **Condições adversas:** para não ter que se desfazer de sua estrutura operacional, para se manter operando no mercado e para não possibilitar a abertura de espaço para entrada de novos concorrentes no mercado, a empresa com "estoque" de recursos pode decidir por entrar em projetos que em situações normais de demanda talvez viesse a declinar.

A análise isolada para a decisão pela execução ou não de um projeto já parece ser bastante complexa. Voltemos então à questão de você ter que escolher uma opção para execução de um projeto entre dois ou mais projetos. A análise nesse contexto se torna ainda mais complexa.

Mas não se desespere. Tudo se torna mais simples quando organizamos e resumimos as informações existentes. Faça uma planilha!

Mas espere: antes de sair colocando números em um quadro, é preciso ressaltar alguns detalhes. Você pode dispor de alguns critérios previamente definidos para diferenciar a importância para a empresa entre a escolha de um projeto com certos fatores mais favoráveis.

A planilha a ser elaborada poderá ter pesos e notas a serem dadas sobre cada indicador, fazendo um *ranking* dos projetos.

Tabela 2. Tabela seleção de projeto

Indicador	Peso	Projeto A		Projeto B		Projeto C	
		Informação	Nota	Informação	Nota	Informação	Nota
VPL	4	$ 15.250,00	5	$ 12.400,00	4	$ 8.133,00	3
TIR	5	1,95%	3	2,10%	4	3,72%	5
RC	2	18	5	21	3	20	4
Cliente paga sinal	1	Não	0	Não	0	Sim	5
Risco modelo contrato	2	Preço unitário	5	Preço global	3	Preço global	3
Novo cliente	1	Sim	5	Não	3	Não	2
Peso × Nota		∑ =	60	∑ =	51	∑ =	58
Informações complementares		Nada a observar.		Nada a observar.		Este cliente possui histórico crítico de projetos anteriores.	

Fonte: autor.

A Tabela 2 dá um exemplo de como pode ser esse quadro de informações.

Temos nessa tabela uma relação de indicadores e de informações que, através do produto dos números de peso e de nota, numa escala de peso de 1 a 5 e com notas de 0 a 5, a soma desses produtos resulta em um número ponderado que diferencia os projetos, direcionando qual escolher.

No caso do exemplo, a escolha seria pelo **Projeto A**, por apresentar o maior resultado de número ponderado entre os resultados dos projetos avaliados na tabela. Caso analisássemos isoladamente os indicadores de viabilidade econômica e sem critério de ponderação entre eles, muito provavelmente a escolha seria pelo Projeto C.

Caso houvesse empate entre os resultados, o critério para desempate seria através da análise dos resultados isolados para um indicador, partindo do indicador com maior peso, que, no caso da tabela, seria a TIR. Havendo um novo empate, seria analisado o segundo indicador com maior peso – o VPL, no caso do exemplo.

Duas informações consideradas pela empresa nesse exemplo e que influenciaram no resultado onde prevaleceu o Projeto A seriam menosprezadas: risco trazido pelo modelo de contratação proposto para o projeto (veremos mais sobre isso adiante) e informação sobre o histórico da relação com os clientes.

2.3. Proposta técnica e proposta comercial

A qualidade e a quantidade de informações preliminares existentes farão toda a diferença nessa fase. A transmissão clara dessas informações e a sua compreensão também são fatores importantes para uma boa formação do preço de venda.

Aqui, setor público e setor privado talvez se distingam apenas no rito formal sob o processo. O setor público exige uma formatação de datas, prazos, protocolos de comunicações e registros de evidências que permitam ao processo oferecer total transparência – mas não que o setor privado não tenha ou não devesse ter os mesmos critérios. Dependendo do contratante, de sua relação de prestação de contas com terceiros (acionistas) e da proximidade do principal decisor da empresa no processo (muitas vezes presente, diante do tamanho do investimento), algumas formalidades podem não estar presentes.

Deixadas eventuais diferenças de lado e tratando do essencial, a construtora terá, sob um conjunto de informações mínimas necessárias, a tarefa de propor uma solução técnica de construção e efetuar sobre ela a orçamentação e a composição de todos os custos necessários para a realização da obra, resultando na proposta técnica e comercial para a obra. Essa tarefa fica a cargo do departamento de orçamentos da construtora.

2.3.1. Formação do preço de venda

O estudo técnico preliminar sobre o projeto consiste em avaliar a qualidade e a abrangência das informações recebidas para a realização das propostas. O estudo deve incluir:

- ✓ Visita ao local onde a obra será realizada.
- ✓ Esclarecimento de dúvidas com o cliente.
- ✓ Definição de premissas para os itens omissos no material disponível.
- ✓ Estudos sobre os desenhos e eventuais alterações de metodologias construtivas (quando permitido), mudanças por exemplo com relação à estrutura (concreto moldado *in loco*, concreto pré-moldado, metálica, mista), ao tipo de fundação, ao traçado da obra (obras lineares como rodovias, coletores de esgoto, linhas de transmissão), etc.
- ✓ Identificação e decisão sobre interferências físicas (responsabilidade e prazo para desapropriações e retiradas).
- ✓ Responsabilidades sobre as instalações e licenças provisórias.
- ✓ Desenhos e especificações básicas de cada etapa do projeto.

Isso tudo e algo mais, que ofereça como resultado uma lista de tarefas do que deve ser realizado, com quantitativos em cada uma das etapas dos serviços.

Lembrando mais uma vez: a qualidade e a quantidade de informações preliminares existentes é que farão toda a diferença nessa fase. Uma listagem para conferência da documentação existente e recebida e para decidir com o cliente sobre a falta de alguma informação poderá fazer muita diferença no momento de execução do projeto.

Caso alguma informação crucial esteja faltando, ambos, potencial cliente e construtora, poderão decidir como tratar essa falta, e talvez o cliente concorde em arcar com alguns custos para realização da proposta, ou de ressarci-los, caso o trabalho da construtora não resulte em uma proposta vencedora.

Seria, por exemplo, o caso da construtora, ao analisar a documentação do projeto, concluir que o número de sondagens realizadas no terreno não seria suficiente para oferecer, com certa precisão, o seu perfil geológico, o que faria o estudo preliminar para o projeto básico prever um tipo de fundação que poderia ser substituído por outro, caso fossem realizadas mais sondagens e o perfil geológico assim se revelasse favorável a essa mudança. Talvez, nesse caso, o cliente possa optar por investir em um número maior de sondagens ou chegar a alguma outra composição que permita uma revisão nos preços quando da execução do projeto executivo.

Uma listagem de conferência para informações mínimas deve ser montada desde o início, servindo ao mesmo tempo como guia para a documentação do projeto a ser entregue à equipe do projeto quando a proposta for vencedora.

A Tabela 3 é um exemplo de listagem mínima para esse tipo de controle.

Tabela 3. Lista de documentos

Documento	Formato
Minuta do contrato ou contrato	Impresso e arquivo eletrônico
Edital de concorrência	Impresso e arquivo eletrônico
Lista de projetos	Impresso e arquivo eletrônico
Projetos para elaboração da proposta	Impresso e identificado
Regras para cálculo e apresentação do BDI	Impresso e aprovado
Legislação tributária aplicada	Impresso – Considerações adotadas
Legislação fiscal aplicada	Impresso – Considerações adotadas
Planilha de venda	Impresso e arquivo eletrônico
Planilha de custos	Impresso e arquivo eletrônico
Grade de risco	Impresso e arquivo eletrônico
Memória de cálculo de despesas indiretas	Arquivo eletrônico
Curva ABC de insumos	Impresso e arquivo eletrônico
Curva ABC de serviços	Impresso e arquivo eletrônico
Lista de esclarecimentos e dúvidas	Impresso e arquivo eletrônico
Proposta técnica	Impresso
Proposta comercial	Impresso e assinado

Documento	Formato
Cronograma financeiro	Impresso e arquivo eletrônico
Cronograma físico	Impresso (no caso de não constar ou não ser compatível com a proposta técnica) e arquivo eletrônico
Caderno das cotações	Impresso
Levantamento de quantidades	Impresso e arquivo eletrônico
Histogramas de mão de obra e equipamentos	Impresso (no caso de não constar ou não ser compatível com a proposta técnica) e arquivo eletrônico
Memoriais descritivos	Impresso e arquivo eletrônico
Listagem de insumos, composições e serviços	Arquivo eletrônico para importação

Fonte: autor.

Estamos com a lista de atividades pronta e validada em mãos. Temos o significado de cada uma das etapas nomeadas nessa lista, sob um pequeno descritivo ou enunciado do que será realizado em cada uma das etapas. A essa lista dá-se o nome de planilha de custos. A sua estrutura de itens e subitens será, posteriormente, utilizada para o planejamento da obra na elaboração da Estrutura Analítica do Projeto (EAP).

Da planilha de custos derivará a planilha de venda, com o cálculo da bonificação e despesas indiretas (BDI).

Preliminarmente, antes de tratarmos do BDI, vamos à definição conceitual e à diferenciação entre custos e despesas.

Os custos são os valores que estão intimamente relacionados ao projeto. Só existem porque o projeto existe. Os custos podem ser diretos ou indiretos.

- ✓ **Custos diretos:** são aqueles que podem ser associados à execução propriamente dita da atividade. Sem os custos diretos, nenhuma atividade pode ser executada. Por exemplo, mão de obra da produção, os materiais, etc.
- ✓ **Custos indiretos:** são aqueles que não estão diretamente associados à execução de uma atividade, mas cuja ocorrência é essencial para o projeto. Por exemplo, mão de obra da administração local da obra, alojamento dos funcionários, custos da administração local, etc.

As despesas não estão intimamente relacionadas ao projeto, mas são necessárias para a empresa conduzir as suas atividades, atender a requisitos internos e externos à organização, fazer a sua contabilidade, a gestão financeira, o comercial para novos negócios, planejar o seu desenvolvimento estratégico, acompanhar os resultados, ou seja, tudo que permita à empresa funcionar e manter o seu crescimento no mercado.

Os custos e as despesas podem ser fixos ou variáveis.

- ✓ **Custos e despesas fixos:** mantêm-se inalterados, independentemente das variações ocorridas no volume de produção ou nas vendas.
- ✓ **Custos e despesas variáveis:** variam na mesma proporção das variações ocorridas no volume de produção ou das vendas.

É importante entender e saber classificar corretamente custos, diretos e indiretos, as despesas e a diferenciação entre fixos e variáveis. Essa classificação, além de influir na formação correta do preço de venda, estrutura todo o acompanhamento e controle de resultados.

Em resumo, para exemplificar a relação da classificação com o acompanhamento, em uma análise para aumentar a rentabilidade da empresa, os custos são os que se reduzem e as despesas são as que se cortam.

Muito dificilmente seria possível cortar um recurso de uma atividade (custos diretos), mas reduzir os seus custos já pode ser mais fácil – por exemplo, reduzindo o desperdício, aumentando a produtividade ou o aproveitamento dos materiais empregados na atividade.

Já uma despesa (ou um custo indireto), além de poder ser reduzida, pode eventualmente ser cortada. Não vou dar nenhum exemplo de corte relacionado a uma empresa para não insinuar alguma falta de importância na existência de um ou outro tipo de despesa. As despesas, ao menos aquelas que podem ser cortadas, são estratégicas, então podem ter considerações de importância diferentes entre as empresas.

Seria, por exemplo, como cortar os seus gastos pessoais com academia. Você poderá questionar e não concordar porque a academia é essencial para você (foi por esse motivo que fiz a ressalva anterior).

A Figura 5 traz alguns exemplos de classificação em uma empresa de construção.

São alguns poucos exemplos apenas para fixação das diferenciações e das classificações. A lista completa cada empresa acaba por adotar uma ou outra diferenciação na classificação, não há realmente um padrão a seguir. Todavia, para a empresa, uma vez classificado o gasto de uma maneira, é importante que essa classificação permaneça inalterada, sendo adotada para todos os demais projetos. Caso haja necessidade de alguma alteração, que esta seja efetuada estruturalmente, para todos os projetos (inclusive os dados históricos). Isso preserva a informação para não influenciar em indicadores e em informações que possam levar a conclusões equivocadas.

Mais adiante veremos alguns exemplos de indicadores e a importância da qualidade e do padrão da informação ficará mais clara.

Custos (canteiro de obras)

Diretos		Indiretos	
Fixos	**Variáveis**	**Fixos**	**Variáveis**
☐ Mestre de Obras	☐ Materiais	☐ Gerente do Projeto	☐ Telefonia
☐ Almoxarife	☐ Pedreiro	☐ Chefe Administrativo	☐ Materiais de escritório
☐ Grua	☐ Carpinteiro	☐ Comprador	☐ Combustíveis
☐ Elevador provisório	☐ Ajudante geral	☐ Aluguel de imóvel	☐ Segurança patrimonial
☐ Cimbramentos	☐ Água	☐ Conta de internet	☐ Viagens
☐ Caminhão de apoio	☐ Energia elétrica	☐ Aluguel de automóvel	☐ Refeições

Despesas (escritório central)

Fixas	Variáveis
☐ Aluguel de imóvel	☐ Condomínio
☐ Conta de internet	☐ Energia elétrica
☐ Gerente	☐ Telefonia
☐ Auxiliar de Escritório	☐ Materiais de escritório
☐ Contador	☐ Segurança patrimonial
☐ Financeiro	☐ Viagens

Figura 5. Classificação dos gastos.
Fonte: autor

O trabalho de orçamentação está em identificar e prever todos os recursos necessários, de materiais, de pessoas e de equipamentos, para realização de cada uma das atividades da planilha de custos. A identificação dos recursos, suas quantidades e o lançamento do custo de cada um deles sobre um item são chamados de composição do preço unitário (CPU).

A Tabela 4 traz o exemplo de uma CPU.

Tabela 4. CPU de atividade

Código CPU	Atividade	Un.	$ Total
05.001.003	Alvenaria em tijolo de barro com espessura de ½ do tijolo	m²	47,23

Código Recurso	Descrição do Recurso	Un.	Coefic.	$ Unitário	$ Total
A.001.001.002	Pedreiro	h	1,000	8,00	8,00
A.001.001.004	Ajudante geral	h	1,200	6,20	7,44
B.007.210.122	Areia média	m3	0,018	65,00	1,17
B.012.108.005	Cal hidratada	kg	2,900	0,33	0,96
S.005.212.415	Água	m3	0,004	34,92	0,14
B.001.009.263	Cimento comum	kg	1,200	0,45	0,54
R.125.412.123	Tijolo comum de barro	pç.	35,000	0,30	10,50
A.005.125.108	Benefícios e encargos sociais	u.m.	2,200	8,40	18,48

Fonte: autor.

O cálculo do BDI possui algumas diferenciações entre as empresas. Algumas consideram itens de custo direto como indireto e vice-versa, algumas utilizam uma estrutura mais detalhada e outras não. Na Tabela 4 não constam relacionados alguns outros gastos que certamente serão necessários para a realização da atividade, como, por exemplo, andaimes, uniformes e EPI dos funcionários, ferramentas como martelo, trena, colher de pedreiro, etc. Apesar desses gastos se relacionarem fortemente com a atividade, a empresa do exemplo deve ter escolhido prever esses gastos em outro local – no caso, na composição de custos indiretos.

Sempre que for possível é melhor prever os gastos nas composições de CPU em vez de prevê-los na composição de custos indiretos. Alguns tipos de gastos relacionados na composição de custos indiretos tendem, primeiro, a não ser calculados – são feitas apenas meras estimativas, que fazem com que o seu controle fique comprometido.

Mais adiante voltarei a tocar nesse assunto, quando tratarmos de segurança patrimonial no canteiro de obras.

Lembrando: o objetivo aqui não é torná-lo um especialista em cálculo do BDI e sim procurar deixar claro os seus principais conceitos e mostrar como trabalhar com essa informação no gerenciamento da obra.

O objetivo do BDI é traduzir, sobre o custo de cada atividade do projeto, um acréscimo proporcional que represente, na sua soma, a totalidade dos valores com os dos custos e despesas indiretas e com o lucro esperado para execução do projeto.

Exemplo:

A orçamentação da obra, a soma de todos os custos da planilha do projeto, resulta em custos diretos (CD) de $ 10.000.000,00. A Tabela 5 apresenta como exemplo os demais valores que comumente compõem o cálculo do BDI.

Tabela 5. Preço de venda

Item	Peso	$ Valores	Coefic.	$ Calculado
Custos diretos	61,50%	10.000.000,00		
Custos indiretos	11,07%	1.800.000,00		
Custo Total (CT)	**72,57%**	**11.800.000,00**		
Despesas total	9,43%	1.533.333,33		
Total Custos e Despesas (CDT)	**82,00%**	**13.333.333,33**		
Administração central			0,070	933.333,33
Taxa comercial			0,010	133.333,33
Taxas de seguro			0,030	400.000,00
Riscos/contingências			0,005	66.666,67
			0,115	1.533.333,33
Lucro bruto e impostos	18,00%	2.926.829,27		
Preço de Venda (PV)	**100,00%**	**16.260.162,60**		
Lucro bruto			0,100	1.626.016,26
Imposto			0,080	1.300.813,01
			0,180	2.926.829,27

Fonte: autor.

Como o total de custos e despesas (CDT) é composto por valores que são representados como um índice aplicado sobre o custo total, este deve ser calculado da seguinte maneira:

$$CDT = \frac{\text{Custo total}}{1 - \sum \text{Coef.}} = \frac{11.800.000,00}{1 - 0,115} = \frac{11.800.000,00}{0,885} = 13.333.333,33$$

O mesmo ocorre para chegar ao preço de venda (PV), onde há incidência na forma de índice aplicado sobre o total de custos e despesas. O preço de venda deve ser calculado da seguinte maneira:

$$PV = \frac{CDT}{1 - \sum \text{Coef.}} = \frac{13.333.333,33}{1 - 0,18} = \frac{13.333.333,33}{0,82} = 16.260.162,60$$

O valor do BDI calculado sobre os valores da Tabela 5 será:

$$BDI = \frac{PV}{CT} = \frac{16.260.162,60}{11.800.000,00} = 1,3779 \text{ ou } 37,79\%$$

Como os impostos e o lucro são uma expectativa sobre a receita, ou seja, incidem sobre o valor do preço de venda, os valores não ficarão corretos se não forem calculados dessa maneira, análoga ao cálculo efetuado para o CDT.

Em ambas as situações dos cálculos efetuados para obter o CDT e o PV, sempre que a sua soma depender da incidência de um índice sobre um valor que compõe a sua soma, calcular primeiro esse valor.

O lucro é denominado como bruto porque ainda haverá sobre este a incidência de imposto de renda, que é calculado em conjunto com outras operações e resultados da empresa sobre as quais o projeto isoladamente independe.

O resultado para o BDI desse exemplo significa que, para cada $ 1,00 de custo na planilha de custo do projeto, devem ser acrescidos $ 0,3779 para se chegar ao valor de venda.

2.3.2. Entrega da proposta

Você pode ter chegado até aqui e ter desistido de entregar a proposta? Sim. Triste, mas é possível.

Segundo Gido e Clements (2007), a decisão de participar ou não da entrega de proposta pode resultar da análise de alguns desses fatores:

- ✓ **Concorrência:** conhecer os possíveis participantes do certame. A sua conclusão sobre as vantagens competitivas diante desses concorrentes pode não ser satisfatória.
- ✓ **Risco:** o projeto básico não está tecnicamente resolvido, a tal ponto que o tamanho das incertezas pode levar ao encerramento do projeto antes do seu término ou, para que o projeto siga, tenha que vir a assumir estudos e decisões técnicas de alto risco, talvez não percebíveis pelo cliente, o que tornará difícil de serem remuneradas adequadamente.
- ✓ **Missão:** em um entendimento maior sobre o projeto, este apresenta pouca ou nenhuma relação com as experiências e a capacidade técnica da empresa. A empresa podia esperar, por exemplo, expandir o seu perfil de atuação com o projeto, onde contava em conseguir um parceiro que dominasse certa tecnologia ou processo, mas isso não teria sido possível.
- ✓ **Aumento de capacidade:** o projeto demonstrou não ser representativo para o acervo técnico da empresa.
- ✓ **Reputação:** saber que o cliente apresentou dificuldades operacionais em concluir projetos anteriores.

✓ **Fundos do cliente:** o cliente não apresenta garantias de que terá recursos financeiros suficientes para concluir o projeto.
✓ **Recursos da proposta:** para a execução do projeto seriam necessários certos recursos específicos – por exemplo, uma equipe que está em outro projeto e que não ficará disponível a tempo de iniciar o novo projeto. As incertezas que pairam sobre a orçamentação são muito altas, tornando difícil assumir os riscos de um preço assertivo.

Melhor não entregar uma proposta duvidosa do que se comprometer ao entregá-la. Uma vez a proposta entregue e ela sendo vencedora, haverá grandes prejuízos de imagem caso decida por desistir de assinar o contrato.

Para uma concorrência do setor público a não assinatura de um contrato sobre uma proposta vencedora pode resultar em prejuízos ainda maiores.

A Lei nº 8.666/93 prevê sanções para a situação de desistência do proponente sobre uma proposta vencedora. "Art. 81. A recusa injustificada do adjudicatário em assinar o contrato, aceitar ou retirar o instrumento equivalente, dentro do prazo estabelecido pela Administração, caracteriza o descumprimento total da obrigação assumida, sujeitando-o às penalidades legalmente estabelecidas" (BRASIL, 1993, p. 8279).

As penalidades previstas à não assinatura do contrato estão no Art. 87 da mesma lei: advertência; multa; suspensão temporária de até dois anos em participar de concorrências públicas; declaração de inidoneidade para licitar ou contratar com o setor público, a permanecer enquanto as penalidades aplicadas não forem cumpridas (BRASIL, 1993).

Uma proposta possui basicamente dois elementos: as condições técnicas e as condições comerciais. A sua elaboração e apresentação segue, normalmente, premissas que o processo licitatório apresentar para a sua entrega.

Para o setor público, como ocorre a aceitação da proposta técnica que o licitante publicou no edital da concorrência, o enfoque da entrega de uma proposta se dá, basicamente, sobre as documentações de qualificação e o preço de venda.

Para o setor privado a apresentação da proposta comercial pode ser um diferenciador na concorrência, principalmente quando esta apresentar uma solução técnica importante, que agregue algum valor ao projeto (execução da obra) ou ao seu produto (obra concluída). O cliente poderá se dispor, por exemplo, a pagar um preço maior por sua proposta quando comparada a de outro participante da concorrência que apresente apenas preço menor como diferencial.

A sua proposta pode, por exemplo, apresentar como diferencial a antecipação do prazo de conclusão da obra. Antecipar a obra poderá trazer um diferencial ao fluxo de caixa do projeto do produto (antecipação do término da construção de uma fábrica, que permitirá começar a produzir e a vender mais rapidamente) e, desse modo, mesmo pagando mais pela obra, o seu retorno sobre o fluxo de caixa poderá ser maior.

A proposta técnica deve conter, em evidência, os benefícios que ela trouxer, não necessariamente entrando em aspectos da descrição técnica. Pode ser uma descrição sucinta de etapas, preferencialmente acompanhada de ilustrações ou até mesmo de um vídeo/animação que permita ao cliente ter uma boa percepção dos resultados esperados sobre o seu projeto.

A proposta comercial deve salientar os fatores omissos, eventuais incertezas que levaram a pressupostos para se chegar ao preço e os fatores condicionantes para que a proposta seja considerada exequível, como, por exemplo, que o contrato se inicie em certa data para coincidir o cronograma de sua execução com o calendário de chuvas da região onde a obra será executada.

Nas licitações de obras públicas todas as propostas são entregues e abertas na mesma data e seu resultado é conhecido (empresa vencedora pelo menor preço) de imediato. Já nas concorrências privadas, as propostas são encaminhadas no decorrer do tempo e dentro do limite estipulado pelo cliente, podendo haver algumas rodadas de solicitação de revisão do preço, até uma chamada para negociação final.

Se a proposta for vencedora, a construtora é comunicada oficialmente através da publicação dos resultados em diário oficial, para a concorrência pública, ou através de uma carta de intenção, pelo cliente do setor privado. Em ambos os casos o passo seguinte principal será a chamada para a assinatura do contrato.

2.4. O contrato

O documento com suas cláusulas e condições poderá já ter sido discutido previamente e ser de aceitação em comum entre as partes. O contrato do setor público não sofrerá alterações; já o contrato do setor privado, mesmo já havendo sido apresentado e acordado previamente, ainda poderá passar por algum novo ajuste entre as partes até a sua assinatura.

O contrato é instrumento de suma importância para ambos os lados. Traz direitos e deveres de ambos e estabelece algumas regras e procedimentos a serem seguidos na gestão do projeto.

O gerente do projeto deve conhecer e entender todas as condições colocadas no contrato. Para auxiliar, pode-se elaborar um resumo das suas cláusulas, transmitindo as informações sem a rigidez e o protocolo que são comuns às cláusulas jurídicas.

A Tabela 6 traz uma sugestão de modelo de relatório para registrar as anotações de deveres e obrigações e resumir um contrato de construção.

Tabela 6. Resumo do contrato

Informações gerais				
Cliente:				
Objeto:				
Data assinatura:		Tipo de contrato:		
Prazo execução:		Reajustes:		
Valor total:		Prazo para pagamento:		

Principais informações e obrigações da contratada		
Cláusula	Folha	Observação

Direitos da contratada (obrigações da contratante)		
Cláusula	Folha	Observação

Fonte: autor.

2.4.1. Modelos de contratações

Cada modelo de contrato traz vantagens e desvantagens para o contratante (cliente) e para o contratado (construtora).

Entre os modelos possíveis há de se escolher aquele que, no balanço, ofereça a ambos, contratante e contratado, mais vantagens do que desvantagens.

Alguns dos principais modelos de contratação existentes:

- ✓ **Preço global:** o projeto é acertado por um preço único final, ficando a cargo do contratado assumir riscos sobre eventuais necessidades de ajustes nas variações das quantidades de serviços a serem executados em cada etapa. O contratado resolve sobre mudanças e revisões do projeto que tornem a sua execução mais rápida e econômica, sem mudanças nas características finais da construção. Pode ser contratado, inclusive, com as instalações mínimas, para que a construção seja colocada em operação de uso, como, por exemplo, decorar, mobiliar e equipar um hotel em vez de entregar apenas a construção, o que dá maior sentido ao termo "chave na mão" (*turn key*) quando aplicado a um contrato de preço global.
- ✓ **Preços unitários:** contratante e contratado acertam preços unitários e quantidades principais sobre um projeto básico utilizado como base na licitação. Os pagamentos são efetuados de acordo com a quantidade efetivamente executada de cada serviço, através da medição *in loco* do executado. Modelo de contratação em que o risco de ocorrer grandes variabilidades nas quantidades pode levar a contratada a uma redução na expectativa de faturamento (redução de quantidades) e a ambos, contratante e contratada, dificuldade ou até mesmo a não continuidade da execução sob o mesmo risco (aumento de quantidades).
- ✓ *Engineering, Procurement and Construction* **(EPC):** engenharia, aquisição e construção; trata-se de contrato em que a engenharia de desenvolvimento e solução para o projeto é realizada pelo contratado, ou seja, ele desenvolve boa parte do projeto básico e o projeto executivo. Há similaridade com a modalidade de contrato a preço global nas decisões sobre o projeto. O emprego desse tipo de contratação é justificado quando a aquisição envolve agentes de outras áreas da engenharia, com grande representação de custo e de prazo de execução sobre o projeto total. Seria o caso, por exemplo, da execução de uma indústria química, onde o contratado sob o regime EPC seria responsável não somente pela parte da construção civil, mas também por fabricar e instalar equipamentos.
- ✓ **Preço de custo e administração:** sob essa modalidade de contratação o contratante reembolsa o contratado por todos os valores de compras realizadas, de mão de obra e de equipamentos empregados, aplicando sobre esses valores uma taxa fixa pelo montante do projeto. Ocorrem

riscos similares ao modelo de contrato por preço unitário, todavia os riscos sobre a variabilidade dos preços são assumidos integralmente pelo contratante.

✓ **Preço Máximo Garantido (PMG):** contratante e contratado acertam preços para partes da construção, similar à modalidade de preço global, todavia ambos participam das etapas de aquisições. Havendo ganhos obtidos através das negociações de preços com os fornecedores, estes são divididos entre contratante e contratado. Se algum preço superar o valor inicialmente orçado, a diferença fica a cargo do contratado.

Em algumas situações pode ocorrer, em uma mesma contratação, a combinação entre modelos de contratos, sendo parte do projeto regido sob um modelo e outra parte sob outro modelo de contratação. Por exemplo, a construção de um edifício comercial pode ser contratada sob o regime de preço unitário para parte das atividades básicas do projeto (estrutura, fechamento e acabamento básico) e pelo regime de PMG para o contrato de instalação de ar-condicionado, aquisição e instalação de elevadores e escadas rolantes, aquisição e instalação de elétrica e iluminação.

A Figura 6 mostra os diferentes tipos de contrato citados anteriormente em uma balança de riscos que podem incidir sobre o contratado.

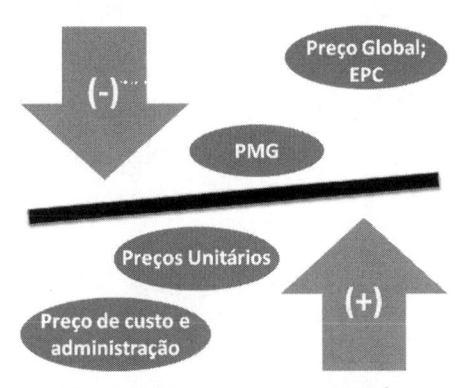

Figura 6. Riscos para o contratado.
Fonte: autor

Como dito inicialmente, deve prevalecer na escolha o modelo que melhor se adequar aos interesses de ambos, contratante e contratado, sabedores dos riscos que cada um assume – e, com esses riscos, os bônus e ônus inseridos.

Para o contratante, quanto mais riscos transferir para o contratado, maior a possibilidade de ter que arcar com custos maiores no projeto.

2.4.1.1. Faturamento direto ao cliente

Nos projetos de contratação do setor privado e sob qualquer um dos modelos de contrato é adotada a prática do faturamento direto ao cliente.

Essa prática consiste em realizar o faturamento direto ao cliente da compra de materiais e da contratação da locação de equipamentos que a construtora necessitará para a execução da obra.

Isso faz com que os impostos sobre o faturamento da construtora sejam menores e permite que clientes de alguns setores da economia se beneficiem de créditos de alguns impostos. Outra vantagem, que pode refletir em redução de custo para o projeto no desconto oferecido pela construtora, está na antecipação do recebimento de parte da receita da obra, quase que um pagamento à vista daquilo que a construtora receberia somente após a conclusão da atividade do projeto.

Contudo, ambos, construtora e cliente, precisam estar muito certos dos benefícios dessa operação, e talvez os riscos e os custos operacionais associados (e muitas vezes desprezados) poderão levar a enganos, resultando em uma decisão ruim.

A Figura 7 traz como exemplo uma situação em que as notas fiscais de materiais são faturadas e pagas diretamente pelo cliente. No exemplo, esses pagamentos totalizaram $ 75 durante um mês.

O cliente ficou credor de $ 75 da construtora. Ao realizar a medição do período, que totalizou o valor de $ 140, a construtora realiza o faturamento apenas da diferença que tem direto a receber – no caso, o valor de $ 65.

O valor de $ 75 foi uma antecipação de recebimento da construtora pelo cliente, efetuado através do faturamento e pagamento direto das notas fiscais apresentadas durante o mês.

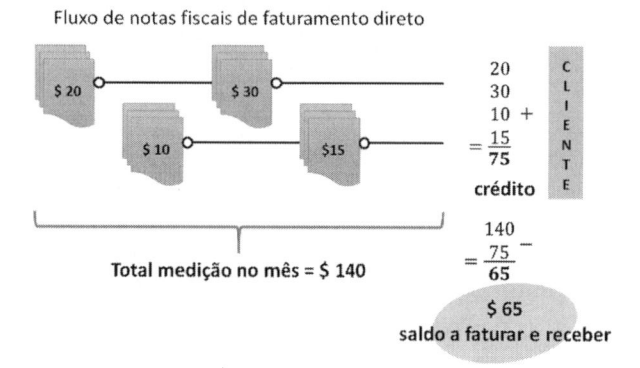

Figura 7. Faturamento direto.
Fonte: autor

Alguns exemplos de riscos e custos operacionais associados à prática de faturamento direto:

- ✓ **Controle sobre os documentos:** todas as notas fiscais de faturamento direto recebidas pela construtora devem ser entregues ao cliente de maneira organizada e controlada, não permitindo que haja dúvidas posteriores quanto aos valores que serão abatidos antes do faturamento da construtora.
- ✓ **Vencimento das faturas:** as notas fiscais devem transitar de tal maneira que o cliente as tenha em suas mãos em tempo suficiente para realizar os pagamentos dentro do prazo.
- ✓ **Cadastros e volumes de documentos:** o cliente terá que processar um volume significativo de notas fiscais que conterão itens e fornecedores que, em sua grande parte ou na totalidade, não possuirão relação com os seus negócios, tendo que cadastrá-los em seu sistema de gestão.
- ✓ **Interpretações equivocadas:** todos os que se envolverem com o assunto faturamento direto precisam ter uma visão clara sobre a sua operação. Não é incomum o entendimento equivocado de que os valores faturados contra o cliente não seriam custos de responsabilidade da construtora, pois o cliente pagará o que for faturado, sem nenhuma barreira ou limite. Salvo em modelo de contrato adotado em que isso esteja previsto, como vimos anteriormente ser o caso dos contratos de preço de custo e administração, na maior parte dos contratos onde o faturamento direto é empregado o custo é, sim, da construtora.
- ✓ **Medição em valor insuficiente ao crédito:** o total de notas fiscais no mês foi tamanho que superou o valor de medição da construtora para o mesmo mês, fazendo com que esta não tenha o que faturar e permaneça devedora ao cliente do saldo remanescente entre o que o cliente havia de valor de crédito descontado do valor da medição.

No modelo convencional, a construtora realiza os pagamentos das notas fiscais faturadas contra ela normalmente e efetua o faturamento integral da medição contra o cliente.

A Figura 8 traz como exemplo o modelo convencional. No exemplo, a construtora efetua o pagamento durante o mês do valor total de $ 75 em notas fiscais faturadas contra ela e ao final do mês apresenta a medição ao cliente no valor de $ 140, que irá faturar e receber integralmente.

Fluxo tradicional de notas fiscais

Total medição no mês = $ 140

20 + 10 + 30 + 15 = 75
$ 75 valor desembolsado

$ 140
valor a faturar e receber

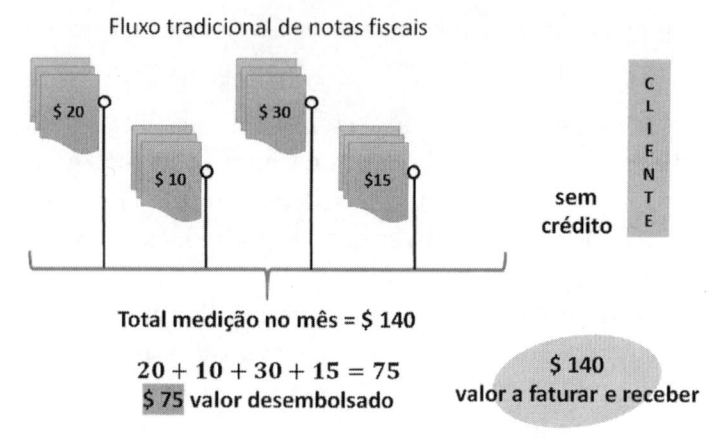

Figura 8. Faturamento tradicional.
Fonte: autor

Se somarmos os valores de todas as notas fiscais, 140 + 20 + 10 + 30 + 15, chegamos ao resultado de $ 215, ou seja, o valor de $ 75 estaria sobreposto dentro desse valor, somado duas vezes, pois a construtora precisou repeti-lo em sua fatura para realizar a cobrança equivalente aos valores das notas fiscais de materiais. Essa é a "duplicidade" que o processo de faturamento direto procura eliminar.

2.4.1.2. Terceirização e quarteirização dos serviços

Alguns clientes serão categóricos em não permitir que haja sobre a execução do contrato a prática da terceirização ou da quarteirização dos serviços.

Há quem questione e quem defenda terceirizações; todavia, é fato que, se tal sistemática de contratação não for levada com muita cautela, poderá resultar em sérias dores de cabeça e custos onerosos.

A terceirização consiste no seguinte: o cliente contrata a construtora para realização das obras. Esta, por sua vez, repassa alguns dos serviços a outras empresas, chamadas de empresas terceirizadas.

As atividades comumente terceirizadas são as atividades-meio, que não fazem parte da operação principal da empresa, não fazem parte de sua atividade-fim. Os serviços de portaria, a faxina, os serviços de refeitório, os de transportes dos funcionários, entre outros, são exemplos de atividades-meio.

Para uma construtora, a carpintaria, o corte, a dobra e as montagens do aço, a aplicação do concreto, a pintura da alvenaria, essas são todas atividades-fim, fazem parte da sua operação principal.

Mas anteriormente eu disse **comumente** porque mesmo atividades que poderiam ser consideradas atividades-fim são terceirizadas. Algumas das razões que levariam à decisão pela terceirização seriam:

- ✓ A construtora não possuir e não se interessar por manter fixo em sua equipe pessoal especializado para certos tipos de serviços, por não ter como dar continuidade de emprego à equipe em outras obras, ou em situações em que necessitaria de investimento em equipamentos e o volume de serviços que possui não viabilizasse a aquisição. Exemplo: serviços de fundações.
- ✓ Na operação de equipamentos locados.
- ✓ Em contratos com atividades em outras especialidades e/ou em grande complexidade, como os contratos EPC.
- ✓ Momentaneamente, ou em um contrato em específico, quando não há disponibilidade de equipe própria para realização daquela atividade.
- ✓ Na contratação de empresa que seja especializada em um único tipo de serviço, com baixa rotatividade de pessoal em sua equipe, trazendo uma produtividade maior do que se houvesse o emprego de equipe própria, permitindo dar foco em atividades de maior complexidade.
- ✓ Para integrar na empresa uma nova tecnologia (ver e aprender).

Qualquer outra razão que justifique a terceirização de uma atividade-fim precisa ser muito bem avaliada. Por exemplo, a empresa contratada **quebra**, e isso repercute em atrasos no projeto e em aumentos de custos para a construtora, além de reflexos de possíveis ações trabalhistas não honradas pela empresa terceirizada.

Para o bem ou para o mal, outro risco que precisa ser observado está no efeito *hold up* nas contratações, ou seja, ficar na mão do contratado, por total dependência da sua atividade, vital para a execução do contrato, e ter que tolerar eventuais vícios na sua execução (atrasos, qualidade, conduta, etc.), ou mesmo ter que conceder pleitos sobre preços que, em uma situação equilibrada de contratação, sequer seriam objeto de pauta.

Importante lembrar que, de acordo com a legislação vigente, cliente e construtora são responsáveis solidários pelo surgimento de eventuais demandas trabalhistas. Se o terceirizado vier a não honrar com os compromissos trabalhistas de seus funcionários alocados no projeto, a construtora é quem os assumirá – e, em último caso, quem os assumirá será o cliente, caso a construtora também não os assuma.

A terceirização pode sim se tornar onerosa se não houver nenhuma vantagem ou motivo claro que a justifique. Se a construtora possui as competências e os recursos necessários para realizar certa atividade, mas a terceiriza sob a razão única de transferir riscos de execução, o preço por esse "seguro" vem através dos impostos, lucro e administração em duplicidade sobre os custos com essa atividade, como ilustrado através da Figura 9.

O novo custo para a construtora passaria a ser a fatura da empresa terceirizada, que contém o custo original inicial, mais suas despesas, os impostos e o seu lucro. Sobre esse novo custo é que incidiriam as despesas, o lucro e os impostos de faturamento da construtora.

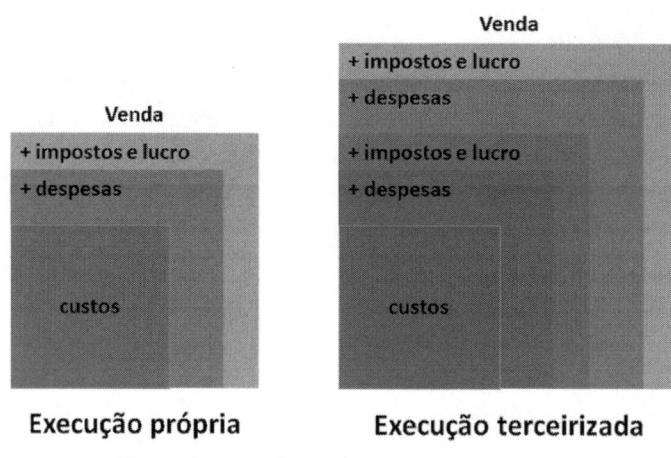

Figura 9. Preço de venda com a terceirização.
Fonte: autor

Outra maneira de visualizar como a decisão pela terceirização precisa levar em conta como as condições podem influenciar os custos é através da Figura 10.

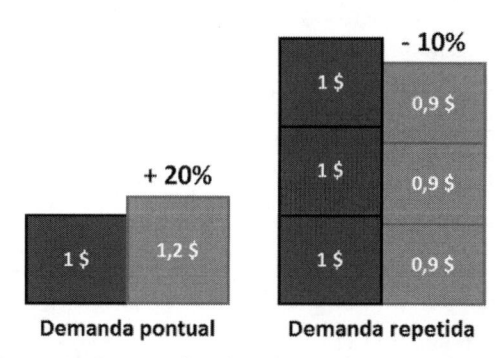

Figura 10. Custos sobre decisão por fazer ou contratar.
Fonte: autor

Em uma dada situação, caso a demanda existente seja pontual, o meu custo por realizar internamente a atividade acabaria por ser maior do que se contratasse alguém que atua unicamente com essa atividade no mercado. Todavia, com o aumento da minha demanda a ponto de justificar, por exemplo, eu ter uma equipe própria para realização dessa atividade, a terceirização não seria mais compensatória.

E ainda existem as quarteirizações. O processo de quarteirização ocorre quando é a empresa terceirizada que terceiriza um serviço. O cliente contrata uma construtora, que, por sua vez, contrata uma terceira para executar certo serviço – e esta, por sua vez, contrata uma outra empresa para realizar parte desse serviço.

Não é uma prática muito comum, mas pode ser encontrada em projetos com grandes volumes de serviços e de atividades.

A quarteirização merece as mesmas análises que a terceirização e cuidados redobrados. Nesse caso, cliente, construtora e terceirizada serão os responsáveis solidários por eventuais demandas trabalhistas que vierem a surgir.

2.4.2. Consórcios

Na última década e meia tem sido comum a organização das empresas de construção em regime de consórcios.

Os consórcios são constituídos através da sociedade entre duas ou mais empresas que reúnem os seus recursos e capacidades técnicas para, sob um interesse comum, executar um projeto.

A constituição de um consórcio ocorre mais comumente com o objetivo de atender aos editais de concorrência pública.

Esses editais estabelecem regras e requisitos mínimos para uma empresa poder se habilitar em participar do certame. Em alguns casos, o edital permite que tais critérios sejam atendidos através da composição dos resultados entre duas ou mais empresas.

No setor privado, apesar de ser menos comum, também ocorre a constituição de consórcios, mas, diferentemente do setor público, em geral esses consórcios são constituídos com o propósito de atender ao cliente com uma solução entre empresas altamente especializadas em etapas específicas do projeto.

3. Antes de iniciar

Você foi anunciado como o gerente do projeto do contrato que a construtora acaba de ser declarada como vencedora no processo licitatório junto ao cliente.

Não subestime a fase preparatória, mesmo você tendo participado de todo o estudo do projeto na elaboração das propostas. Sua tarefa, agora, será reunir e conferir toda a documentação e as informações existentes sobre o projeto. Não deve ficar nada de fora, mesmo as trocas de mensagens com o cliente devem compor a documentação que levará para a execução do contrato.

Faça uma lista e um dicionário dessa lista, relacionando toda a documentação e as informações que possuir. O exemplo da Tabela 3 apresentado anteriormente pode servir como guia para elaboração da lista de seu projeto.

Talvez possam surgir algumas lacunas, alguns documentos que existiriam e que por algum motivo não foram localizados, por isso a importância da lista e a possibilidade de descobrir nesse momento tal problema, para que depois não se torne um problema maior, do tipo "mas você foi informado" ou "mas você recebeu uma cópia".

Aquelas memórias de cálculo utilizadas sobre o levantamento de quantidades trarão detalhes que poderão esclarecer muitas dúvidas no futuro. Não subestime o poder dos rascunhos e das anotações.

O mesmo é válido para todas as correspondências trocadas com os potenciais fornecedores, as empresas que foram consultadas na fase de orçamentação e que apresentaram suas propostas prévias para fornecimento de materiais e para execução de algumas atividades da obra. Essas empresas **não podem** deixar de ser consultadas quando do momento da compra ou contratação dos serviços, onde farão parte do processo de tomada de preços final. Muitas construtoras possuem critérios para dar prioridade à contratação ou à compra de materiais dessas empresas, como incentivo a auxiliarem no processo de orçamentação.

Se o contrato ainda não estiver assinado, ao menos deve haver uma minuta em discussão. Obtenha uma cópia e faça um resumo de todos os principais tópicos organizados por direitos e deveres. Atualize essas anotações conforme a minuta contratual avançar, até a assinatura do contrato. A Tabela 6 poderá auxiliá-lo na elaboração do seu próprio modelo para resumo.

Obtenha nome completo, empresa, cargo, endereço eletrônico e endereço de correspondência de todas as pessoas que irão interagir com a realização do projeto, descrevendo o nível de atuação de cada uma delas.

3.1. Relações organizacionais

Os departamentos da administração central da construtora precisam conhecer o projeto e você precisa conhecer cada um desses departamentos e suas necessidades, para que você os ajude a ajudá-lo.

Os responsáveis pelos departamentos da administração central da construtora precisam conhecer alguns detalhes mínimos sobre o projeto. Uma reunião geral para apresentação e esclarecimento de dúvidas já se faz suficiente de começo. Havendo necessidade, alguns assuntos específicos poderão ser mapeados através da reunião para serem tratados pontualmente na sua sequência.

Itens relevantes a apresentar na reunião de comunicação de início:

- ✓ Nome e área de atuação do cliente.
- ✓ Escopo do projeto.
- ✓ Localização da obra.
- ✓ Prazo de execução e valor do projeto.
- ✓ Regras financeiras do projeto.
- ✓ Principais pontos de atenção.

Em uma fase próxima você definirá os componentes da estrutura organizacional da equipe do projeto, e para tomar essa decisão é preciso conhecer, em detalhes, as estruturas e o meio de operação dos departamentos da administração central da construtora, pois isso influenciará no seu modelo de organograma. Bom momento para trabalhar essas questões.

É preciso conhecer qual é a relação de cada parte dos processos necessários para execução do gerenciamento do projeto com a sua representação no administrativo central. Se o processo será executado e decidido na obra, se será executado na obra e decidido no escritório administrativo ou se será executado e decidido em ambos os locais, na obra e no escritório administrativo.

Estabelece-se, de modo natural e independentemente de quais sejam os modelos organizacionais em cada ponta, uma relação multidimensional entre os recursos de gerenciamento nas obras e no escritório administrativo. Na estrutura da obra haverá um "espelho" do escritório administrativo da construtora para as áreas em que o projeto necessitar.

Permite-se, com isso, definir quem tem maior capacidade para tomar a decisão sobre um processo. Calma lá, não se trata de uma briga por poder ou uma demonstração de força, trata-se apenas de uma maneira prática e bastante objetiva de equilibrar os recursos adequados ao tempo do projeto. Explico.

O foco está no negócio, na execução do projeto. Todos os demais recursos que não estão integralmente voltados a um projeto são recursos de apoio, portanto de apoio operacional (satélites), para suporte à execução dos projetos, ou de apoio funcional, para a condução das necessidades institucionais da empresa e de sua continuidade (por exemplo, na prospecção de novos negócios).

O *Project Management Institute* (PMI, 2013) denomina 47 processos necessários para a execução do gerenciamento de um projeto e os distribui e agrupa em dez áreas de conhecimento, com as seguintes denominações de gerenciamento:

- ✓ Integração.
- ✓ Escopo.
- ✓ Tempo.
- ✓ Custos.
- ✓ Qualidade.
- ✓ Recursos humanos.
- ✓ Comunicações.
- ✓ Riscos.
- ✓ Aquisições.
- ✓ Partes interessadas.

O PMI (2013) também divide os 47 processos do gerenciamento do projeto em 5 grupos:

- ✓ Iniciação.
- ✓ Planejamento.
- ✓ Execução.
- ✓ Monitoramento e controle.
- ✓ Encerramento.

Conforme vimos através da Figura 2, os processos/tecnologia (barbante) são os elementos que, uma vez aplicados, fazem o projeto rodar. Para que funcionem de modo adequado precisam ter aderência e consistência. A equipe precisa entender e acreditar nos seus conceitos, técnicas e regras.

Temos, então, algumas vertentes para organizar e tratar: i) os processos, na visão do grupo de competências (áreas de conhecimento) e em fases do projeto (grupos de processos); ii) os processos em si, estruturados ou não através de sistemas de tecnologia, que reúnem os elementos de entrada, as ferramentas e as técnicas e os elementos de saída para cada atividade de gerenciamento; iii) e as pessoas, em dedicação integral ou na forma de apoio.

Isso tudo precisa acontecer e ser dimensionado de acordo com a execução do projeto, de acordo com o que é demandado enquanto o projeto avança no tempo.

A imagem da Figura 11 mostra o nível de esforço para cada um dos grupos de processos enquanto a execução do projeto avança no tempo.

Fica visível a sobreposição de atividades de gerenciamento entre as diferentes fases do projeto e a sua relação com a demanda de recursos (nível de esforço) para execução dos processos de cada fase.

Cada um em seu lugar e no seu tempo. Não faria sentido, por exemplo, falar de processos de iniciação do projeto ao final da curva de avanço do projeto no tempo. O mesmo valeria para os processos necessários para encerrar o projeto, que não seriam demandados no início do projeto.

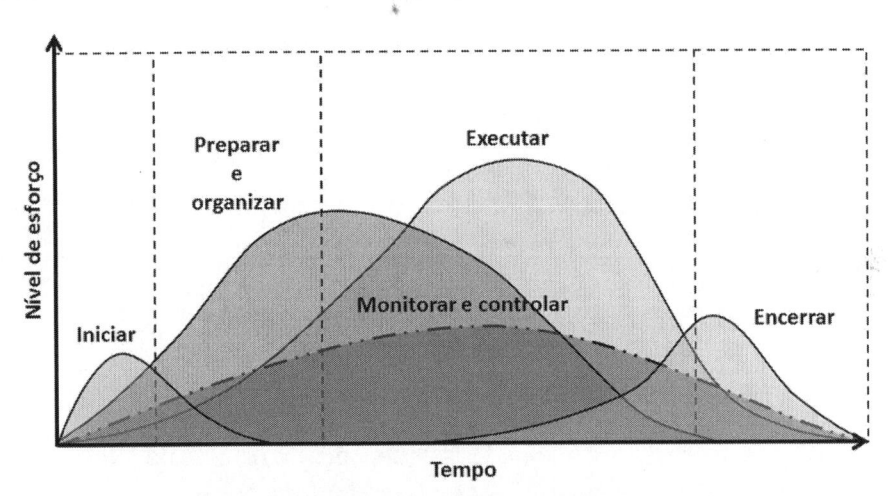

Figura 11. Grupos de processos e fases do projeto.
Fonte: adaptado de PMI, 2013, p. 51

Desse modo, você poderá perceber que certas competências são mais fortemente necessárias em certas áreas de concentração das curvas no tempo em que o projeto evolui.

A imagem da Figura 12 estabelece uma coincidência entre os grupos de processos e as competências necessárias para o desenvolvimento do gerenciamento do projeto em cada uma de suas fases.

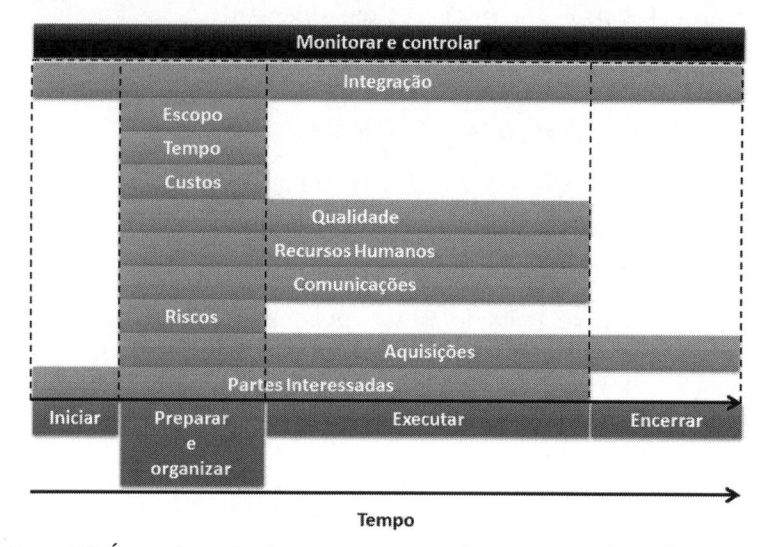

Figura 12. Áreas de conhecimento por grupos de processos e fases do projeto.
Fonte: autor

A visão conjunta da Figura 11 e da Figura 12, associada à dimensão de seu projeto e às informações colhidas na reunião de início de como os departamentos da empresa estão estruturados, dará subsídios para elaborar a estrutura organizacional da equipe do projeto, a qual veremos com maiores detalhes mais adiante.

Novamente, entender preliminarmente o funcionamento da estrutura organizacional da construtora auxiliará na montagem de sua estrutura, onde poderá identificar se um processo necessitará de um recurso de nível maior ou se este será operacional e terá o apoio de coordenação centralizado. Executar o processo na obra ou apenas prepará-lo para ser executado no escritório administrativo influenciará no dimensionamento operacional da equipe na obra.

Por exemplo, os processos relacionados a aquisições do projeto podem ou não ser executados integralmente no escritório da construtora. No escritório, uma equipe devidamente dimensionada atende simultaneamente a mais de um projeto. Nesse mesmo modelo, parte das aquisições, em geral as mais estratégicas para o projeto, seria conduzida pelo escritório da construtora e, na obra, executam-se as aquisições de um grupo menor, especificadas por itens e por limites de valores.

A equipe da obra responsável por preparar, executar, encerrar e controlar e monitorar as aquisições seria dimensionada levando em consideração esses detalhes.

Um departamento do escritório central, sob essa forma de atuação, atuaria como um fornecedor interno de serviços.

3.2. Licenças e autorizações

A documentação da licitação, a minuta contratual ou o próprio contrato, se já assinado, muito provavelmente trarão as informações sobre as responsabilidades de obtenção das licenças e autorizações de início da obra. Se forem de responsabilidade do cliente, obtenha uma cópia.

Uma obra deve ser iniciada logo que obtiver todas as licenças e autorizações necessárias, previstas através da legislação vigente e eventualmente algumas complementares que o contrato poderá trazer.

Caso a indicação de responsabilidade sobre a obtenção das autorizações nos documentos do projeto seja omissa, faça um levantamento da legislação vigente, que deverá abranger os órgãos públicos municipais, estaduais e federais.

Mesmo no caso em que o cliente for o responsável pela obtenção das licenças e autorizações, uma dupla checagem da sua parte também se faz necessária para que nada, absolutamente nada, surja como um imprevisto durante a execução do projeto.

Uma listagem para controle, como no exemplo demonstrado na Tabela 7, poderá auxiliá-lo a ter em mãos todas as informações mínimas necessárias para controlar as licenças e autorizações necessárias para o projeto.

Tabela 7. Lista de licenças e autorizações

Licenças e autorizações					
Elaborado por:				Data:	
Tipo	Órgão	Responsável	Situação	Renovação	Anotações

Fonte: autor.

Boa parte das obrigações de licenças e autorizações é diretamente ligada ao projeto, algumas na sua fase de construção e outras já para a sua operação. Outras são de obrigação da empresa construtora – por exemplo, as relacionadas às relações trabalhistas – e outras de operação de processos da obra – por exemplo, armazenar e manusear explosivos, instalações de ambulatório e de cozinha industrial, interdições de trânsito, entre outras.

Através de uma tabela, como a mostrada anteriormente, em um único documento ficam reunidas as principais informações para controle das licenças e autorizações.

No campo **Responsável**, haveria as anotações sobre quem são os responsáveis por obter, ou por terem obtido, cada documento. Cliente ou responsabilidade própria, e até mesmo os nomes de quem o obteve. Essas informações ajudam a esclarecer eventuais dúvidas e a cobrar por sua renovação (quando necessária) diretamente com quem lidou com o assunto.

O campo **Renovação** traria as datas limite para renovar as licenças ou as autorizações, quando for prevista uma validade.

No campo **Situação** ficariam registradas as situações atuais para cada documento, se pendente de solicitação, se solicitado e pendente de emissão, e, por último, se já foi emitido.

4. Trabalhos preliminares

É chegado o grande momento. Vamos começar.

Está tudo pronto, material todo reunido, documentos minuciosamente estudados, licenças e autorizações em mãos e você recebeu a ordem de início, o sinal verde do cliente, para que comecem os trabalhos.

No setor público a formalidade sobre a ordem de início é maior: há emissão de um documento para conceder e marcar a data de início da obra e a partir dele se contará o prazo de sua execução. Para o setor privado a ordem de início talvez nem exista formalmente (muitas vezes até a mobilização é de ordem imediata), sendo a carta de intenção ou a assinatura do contrato suficientes para essa etapa.

Eu costumo brincar dizendo que executar uma construção é uma tarefa fácil. Não, antes de jogar este livro pela janela, leia a minha explicação sobre essa pequena provocação.

Obviamente, executar uma construção não é uma tarefa fácil, mas muitos não dão a exata dimensão para a grandeza dessa tarefa, e por isso a provocação. Não se pode isolar e perceber o desafio apenas sobre as tarefas técnicas e muitas vezes até mesmo apenas sobre parte dessas tarefas. É uma tendência natural tratarmos e priorizarmos aquilo que melhor dominamos ou com o que mais nos simpatizamos.

Sublime seria pensar que todo dia entregarão no endereço da obra todo o material necessário para ser empregado naquele dia, que os funcionários necessários para execução das atividades estarão todos prontos e à disposição, que os desenhos que indicarão o que precisa ser feito estarão impressos e disponíveis à mão, que todos os equipamentos de que necessitar estarão disponíveis e funcionando.

Ora, como essa mágica acontece? Não acontece, não sem ter um mágico no elenco – e esse papel é seu e de seus assistentes, obviamente.

4.1. O canteiro de obras

Se no trabalho de orçamentação houve a oportunidade de realizar um estudo abrangente, o estudo sobre o canteiro de obras já deve estar praticamente pronto. Mas, de qualquer maneira, no mínimo, demandará de você uma pequena revisão sobre esse estudo antes de iniciar a sua implantação. O canteiro de obras deve ser muito bem estudado.

Você poderá até começar os trabalhos utilizando uma casa alugada, próxima ao local da construção, ou um contêiner instalado no terreno da construção. Como mencionei, o estudo para encontrar a melhor solução é que dirá como a dinâmica do canteiro de obras acompanhará cada etapa da construção.

O canteiro de obras de sua construção passará, via de regra, por momentos de mudança, por fases que acompanharão as fases da construção. O planejamento dessas etapas, associado às etapas da construção, permitirá não somente garantir um posicionamento adequado das instalações, com enfoque na circulação interna, como também um correto dimensionamento para cada uma das etapas da construção (alojamentos, refeitório, área de vivência, áreas de estocagem, etc.).

As normas vigentes devem ser observadas e totalmente atendidas. Os dimensionamentos de alguns dos elementos do canteiro de obras saem da observação das normas.

A boa economia, aqui, é atender aos requisitos e aos espaços mínimos necessários para cada um dos ambientes e a interação entre esses, com uma boa circulação. Não caia na tentação da **economia burra**. Os prejuízos de não observar tais requisitos poderão trazer impactos importantes na produtividade, na segurança e na qualidade dos trabalhos.

O dimensionamento e o posicionamento de cada um dos elementos de um canteiro de obras devem ser pensados em conjunto com a forma como a obra será executada. A limitação de área para a disposição do canteiro de obras talvez não seja um desafio maior que a existência de área em abundância, onde a tendência de **espalhar** o canteiro sem pensar muito acaba por prevalecer.

Se for vantajoso, o canteiro de obras poderá começar pequeno, com suas áreas, refeitório, vestiários, banheiros, etc., adequadas ao tamanho da obra e à quantidade de operários que compuserem o seu início, e ser ampliado em uma segunda ou mesmo terceira fase, ao atingir o pico de demanda e a quantidade máxima de operários.

4.1.1. Segurança patrimonial

Alguns dos elementos para elaboração e implantação do canteiro de obras devem estar associados à observação de requisitos ligados à segurança patrimonial. Entre as principais questões, destacam-se: como será a circulação de pessoas e de veículos, de funcionários e de visitantes; segregação de áreas com potencial atrativo à ocorrência de extravios de bens, por furto ou roubo; procedimentos e recursos para controlar e registrar os acessos.

O primeiro elemento de segurança patrimonial a se destacar é a portaria, a entrada e a saída oficial do canteiro de obras. Instale na portaria duas ou mais catracas eletrônicas para controlar o acesso à obra de visitantes e de funcionários. Esse será um investimento compensador – poderá, por exemplo, agregar as informações de funcionários terceirizados não autorizados a trabalhar na obra por falta de atendimento a algum requisito documental e assim controlar mecanicamente o acesso. Há existência de catracas eletrônicas de boa qualidade que propiciam o controle biométrico através da leitura das impressões digitais dos dedos ou da palma da mão.

Tenha na portaria a estrutura mínima necessária para atender aos visitantes. Preveja uma área de espera, antes do acesso, para que os visitantes aguardem pela autorização de entrada, que contenha um bebedouro e um banheiro, para uso do visitante e também para uso do funcionário que estiver trabalhando como porteiro.

O fluxo de visitantes, de veículos e de pessoas determinará quantos funcionários precisam atuar na portaria. Mais uma vez a instalação das catracas para controle de acesso poderá se mostrar vantajosa, pois elas absorverão grande parte do trabalho do porteiro no controle de acesso, o que talvez permita que apenas um funcionário atue nesse posto.

Outros elementos de segurança patrimonial que você poderá contemplar na instalação de seu canteiro de obras são os controles eletrônicos:

- ✓ Alarmes de presença, a serem colocados para funcionar e monitorar presença indevida de pessoas quando não tiver mais ninguém em expediente dentro dos escritórios da obra.
- ✓ Câmeras de vigilância, instaladas em locais estratégicos de grande circulação, que possibilitem monitorar e registrar por gravação todos que entram e que saem do canteiro de obras e dos locais de armazenagem de materiais e estacionamento de equipamentos.

✓ Bastões de ronda, utilizados no serviço do vigilante, fazendo com que este cumpra um roteiro de passagem em locais fixos no canteiro de obras dentro de intervalos de tempo, registrando o momento de sua passagem através da aproximação do bastão de ronda do leitor fixado no ponto de ronda.

4.2. A equipe do projeto

A equipe do projeto, por ora, se resume a você, apenas. De quem e de quantos irá precisar? Qual o perfil de cada uma das posições?

O trabalho de orçamentação lhe dará as principais pistas. Nele, no orçamento dos **custos indiretos**, muito provavelmente haverá uma relação de cargos e de quantidades, e uma previsão de permanência de cada atividade na equipe do projeto.

A equipe do projeto, especificamente a equipe de gerenciamento do projeto, terá, para a sua formatação, a influência de como ela se relacionará com os departamentos no escritório administrativo, podendo ser menor ou maior, com cargos de gestão, de coordenação ou simplesmente de operação, quando as lideranças para a área em questão forem centralizadas.

Procure obter uma descrição das funções de cada um dos cargos e das competências mínimas necessárias. Essa será a sua referência para comparar com os currículos dos profissionais que irá selecionar para cada posição.

✓ **Cargo:** nome da atividade principal ou do conjunto de atividades exercidas pelo profissional.
✓ **Funções:** descrição das atividades e responsabilidades exercidas para aquele cargo.
✓ **Competências mínimas:** aquelas inerentes às funções do cargo; tempo de experiência, idiomas, conhecimentos de ferramentas computacionais e conhecimentos ou experiências em técnicas de trabalho específicas para execução das atividades.

O Ministério do Trabalho e Previdência Social (MTPS) mantém o Cadastro Brasileiro de Ocupações (CBO), que pode ser consultado através do endereço <http://www.mtecbo.gov.br>. Nesse cadastro você irá encontrar um banco de dados contendo o nome e o conteúdo padronizados de diversas ocupações, que podem ser utilizados como referencial e partida para elaboração ou complementação da padronização e listagem de cargos e de funções da empresa.

O processo de seleção de pessoal para a sua equipe do projeto deve preferencialmente ser efetuado com o pessoal interno da empresa, por já existir um certo conhecimento sobre a empresa.

Não havendo pessoal interno disponível adequado ao perfil de busca, parte-se para a seleção externa.

Equipes de projetos vêm e vão. Muito dificilmente você conseguirá manter em sua equipe as pessoas que vieram de outros projetos, isso por diversos motivos: descontinuidade entre projetos, transferências internas, adaptações, etc. Um dos grandes desafios está nos projetos localizados em regiões diferentes da origem das pessoas ou da base da empresa. A adaptação à vida do **trecho**, como é dito no mercado, não é uma experiência simples.

O emprego de pessoal próprio no projeto abrange equipe de gerenciamento (custos indiretos) e equipe de produção (custos diretos). O orçamento da construção resulta em uma lista de recursos – materiais, equipamentos e pessoas necessários para realização de cada uma das etapas da planilha de custos. O pessoal necessário para a produção deve estar previsto através das composições de custos diretos.

O emprego das composições nas atividades certamente ocorreu sob uma diretriz do que deve ser feito e o que deve ser contratado. Esse estudo deve ser revisitado com muita cautela, e cada etapa prevista a ser executada deve ser novamente estudada. A relação de pessoal necessário para a produção deriva da conclusão desse estudo.

Há quem defenda e pratique o puro gerenciamento, ou seja, a transferência de praticamente todos os serviços a serem executados para empresas terceirizadas (e quarteirizadas), restando à construtora focar no gerenciamento do projeto.

As propostas dos prestadores de serviços podem até ser tentadoras, mas, se efetuado internamente, o custo não poderia ser menor? Deveria.

Veremos com maiores detalhes esse assunto adiante. Por ora é necessário definir os principais serviços iniciais e providenciar a mobilização do pessoal necessário para compor a equipe própria de produção.

Aqui é válida a mesma regra da equipe do projeto: a preferência deve ser dada para o pessoal interno, e não havendo pessoal disponível adequado ao perfil de busca, parte-se para a seleção externa.

Uma particularidade dos profissionais que atuam na área de produção da construção civil é o aspecto da regionalização, que deve ser levado em consideração na mobilização de pessoal de outras regiões do país para o local da obra, principalmente com relação a diretrizes e à legislação vigente. Valerá muito a pena uma consulta à delegacia regional do trabalho que abranja o local da obra e a prefeitura da cidade.

Voltando à equipe de gerenciamento do projeto, o seu organograma não deve fugir do modelo tradicional de estrutura funcional. É fundamental que o organograma seja mantido atualizado e que sua versão atual seja divulgada, de preferência afixada em um quadro visível no escritório do canteiro de obras.

A imagem da Figura 13 traz um exemplo de modelo para representação gráfica dos cargos e do relacionamento entre eles para uma estrutura organizacional funcional.

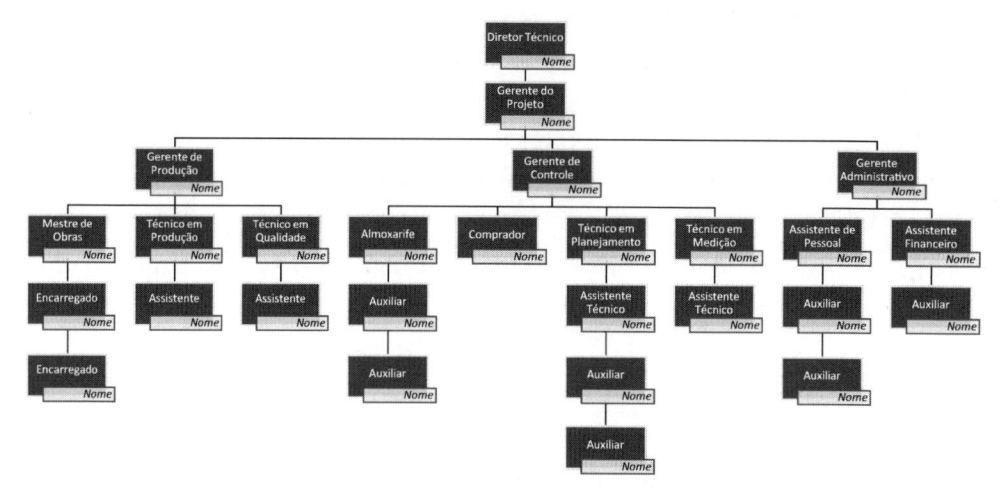

Figura 13. Organograma funcional.
Fonte: autor

É preciso levar em consideração que, apesar da subordinação direta ao gerente do projeto, alguns cargos podem ser preenchidos através de equipe dos departamentos da administração central, então sobre esses cargos também há uma subordinação indireta ao gerente funcional remoto. Essa situação pode, ou não, ser destacada no organograma, através de uma identificação visual por diferenciação de cores ou uma simples anotação de referência.

Essa relação de duplo comando precisa ser encarada sob muito critério e transparência, principalmente para o profissional que estará sob esse duplo comando. Há que se definir qual dos comandos prevalecerá, o local ou o remoto.

O comando do gerente funcional sobre o funcionário poderá prevalecer sobre o comando do gerente de projeto – e a esse tipo de relação denomina-se matriz fraca. Quando o gerente do projeto é quem prevalece sobre o funcionário oriundo de um departamento da administração central, a relação é denominada matriz forte. Uma terceira relação seria ambos exercerem o mesmo nível de comando sobre o funcionário, e esse tipo de relação denomina-se matriz equilibrada (CARVALHO; RABECHINI JUNIOR, 2008).

A imagem da Figura 14 mostra um exemplo de como poderia ser representada a relação organizacional matricial forte.

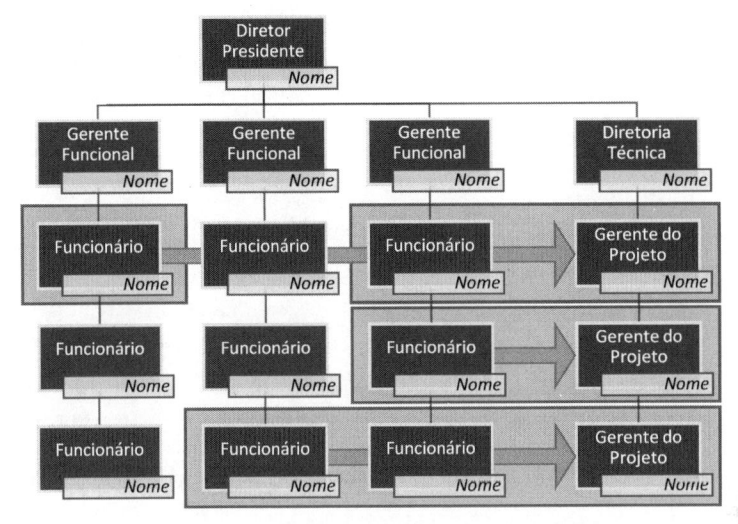

Figura 14. Estrutura organizacional matricial forte.
Fonte: adaptado de PMI, 2013, p. 24

A relação organizacional matricial forte deve prevalecer sobre os demais modelos de representação organizacional porque é a que mais reflete a importância e a prioridade na execução dos projetos.

Em uma matriz forte, o gerente funcional foca nas diretrizes de seu processo, acompanhando e orientando as equipes nos projetos. O papel de liderança sobre a equipe é exercido pelo gerente do projeto, desenvolvendo as decisões rotineiras e exercendo o acompanhamento e a avaliação do desempenho dos funcionários, vindo a decidir inclusive sobre eventuais promoções ou mesmo necessidades de substituições de pessoal.

4.3. Operação com equipamentos

Do orçamento da construção deve resultar uma lista de equipamentos necessários para a execução das atividades, considerando horas e quantidades de cada equipamento.

A visão mais prática sobre equipamentos é considerar todos alugados, mesmo aqueles que são de propriedade da construtora.

Para o equipamento alugado de um terceiro, poderá haver a cobrança, no modelo de contratação, de uma quantidade mínima de horas por mês, ou de uma quantidade mínima de dias de permanência, além das taxas de entrega e de retirada (mobilização e desmobilização).

No caso do equipamento de propriedade da empresa, o modelo de cobrança interno é diferente. Em geral, é determinado um valor fixo de cobrança por período de permanência do equipamento no projeto. Essa cobrança representa os custos de propriedade do equipamento (depreciação, manutenção preventiva, custo do capital investido e demais custos administrativos), ou seja, define um valor que busca recuperar tudo o que a construtora investiu com a compra do equipamento, somado aos gastos de guarda e de gerenciamento dos equipamentos.

Outros custos envolvidos, além do custo com o pessoal para operar o equipamento:

- ✓ **Energia:** eletricidade, gasolina, óleo diesel.
- ✓ **Insumos de desgaste:** pneus, filtros, placas, discos, abrasivos, etc.
- ✓ **Manutenção corretiva:** pequenos reparos, acidentes.

Tipos de equipamentos:

- ✓ **Equipamentos leves:** são aqueles de uso manual, facilmente transportados (furadeiras, lixadeiras, compactadores de solo, etc.) ou estacionários de pequeno porte (betoneiras, guinchos de coluna, bombas de imersão, etc.).
- ✓ **Equipamentos pesados:** são aqueles equipamentos autopropelidos (caminhões, escavadeiras, tratores, etc.) ou estacionários de grande porte (centrais dosadoras de concreto, gruas, elevadores de carga, geradores, etc.).

4.4. O plano operacional

Estabelecer a rota e ter em mãos o guia para seguir é a maneira mais segura para chegar ao destino pretendido e no tempo previsto, sem se desgastar ou desperdiçar energia.

Poderão surgir alternativas de trajeto, a serem avaliadas para se decidir por qual seguir: trajeto mais curto, porém com pedágios; ou um trajeto também curto e sem pedágios, porém com estrada não pavimentada. Até mesmo a rota calculada através de um aparelho de localização por GPS precisa ser previamente estudada.

O que seria o plano operacional senão um grande mapa para o trajeto a ser percorrido? Ou o caminho em um jogo de tabuleiro (Figura 15)?

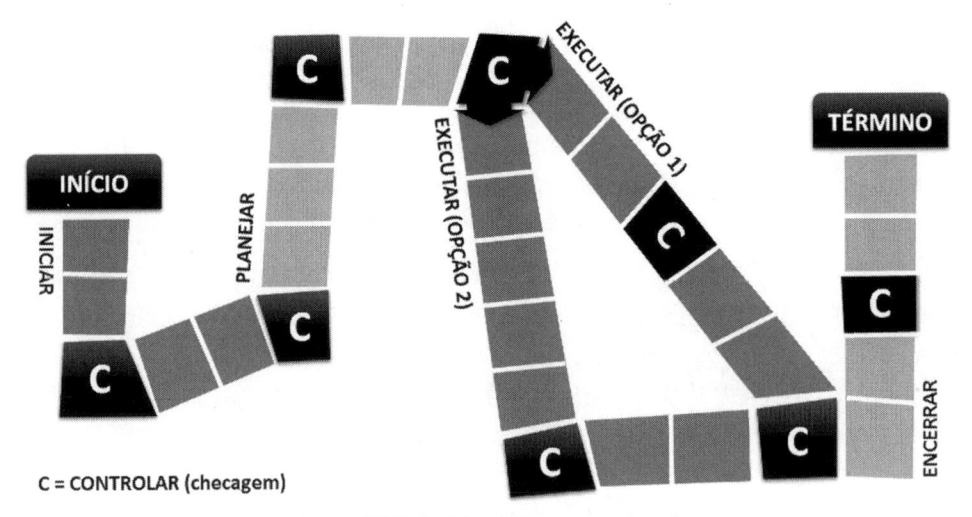

Figura 15. Tabuleiro plano operacional.
Fonte: autor

No jogo do plano operacional, iniciar, planejar, executar e encerrar são as fases do jogo, cada uma com a quantidade de casas suficientes para determinar a sua duração. As casas demarcadas com "C" são os pontos de checagem, parada obrigatória. Não cumpriu ou não concluiu alguma tarefa anterior à parada? Retroceda. Está indo bem no jogo? Avance algumas casas.

Os seus concorrentes nesse jogo não possuem peças no tabuleiro. Você concorre contra você mesmo e sua capacidade em gerenciar a sua equipe, em mostrar o caminho a seguir, obedecendo as regras do jogo.

O tamanho do tabuleiro será adequado ao tamanho do desafio: quanto maior o projeto, maior o número de casas que cada fase terá, prevendo o emprego maior de ferramentas e de técnicas para cumprir o percurso completo com sucesso.

Chega então o momento de decidir, em linhas gerais, qual caminho o gerenciamento do projeto deverá seguir.

Recapitulando, até o momento você reuniu informações gerais sobre o projeto (proposta vencedora, contrato, preços e custos, etc.), efetuou a comunicação interna da empresa sobre o início do projeto, está com o canteiro de obras provisório instalado e a equipe do projeto não é mais composta somente por você.

Talvez alguns requisitos do projeto ainda não estejam definidos, o que não é impedimento para estabelecer o seu plano operacional. Ficam válidas, para esses requisitos, as premissas conhecidas até o momento.

O orçamento da obra que mencionei até o momento se encontrava estático. Itens, quantidades e custos totais, valores numa coluna única de planilha.

Todas as atividades possuem uma duração e uma data para iniciar. Dentro do período formado por essa data de início e duração, possuem uma curva de produção, que demandará os recursos (materiais, equipamentos e pessoas) previstos para sua realização.

O plano operacional consiste em estabelecer a reunião de todos os elementos conhecidos, validados ou não, até o momento, atribuindo ao projeto o seu primeiro cronograma de atividades, que resultará na projeção financeira e na posição econômica do projeto.

4.4.1. O escopo e os objetivos do projeto

Não siga adiante sem que antes tenha detalhado, documentado e entendido o escopo e os objetivos do projeto. Você, sua equipe, seu chefe e o cliente precisam se entender e falar a mesma língua. Se cada um tiver uma ideia diferente sobre escopo e objetivos do projeto, os caminhos necessários para construí-lo não serão os mesmos, e isso trará sérios problemas no futuro.

4.4.1.1. Escopo

O **empreendimento** é um "processo único que consiste em um conjunto de atividades coordenadas e controladas, com datas de início e conclusão, realizado para alcançar um objetivo em conformidade com os requisitos especificados, incluindo as limitações de prazo, custo e recursos" (ABNT, 2006, p. 2).

Você deve se recordar que já vimos anteriormente a definição para projeto e em outro tópico vimos os estudos de viabilidade sobre empreendimento. Sim, as definições de projeto e empreendimento se confundem e parecem tratar do mesmo assunto – na verdade tratam, mas sob uma ótica diferente.

Há quem trate ambos sem distinção, mas podemos nos apropriar dessas duas terminologias, mantendo-as para definições distintas, para tratarmos também de projeto e de produto – e, indo mais a fundo, que é o assunto deste tópico do livro: escopo do projeto e escopo do produto.

Vamos voltar ao exemplo da ampliação da fábrica de bicicletas e analisar a Figura 16.

Escopo do empreendimento:
Ampliar a produção de bicicletas (i)

Escopo do projeto:
Fábrica (ii)

Escopo do produto:
Linha de produção (iii)

Figura 16. Visões de escopo.
Fonte: autor

O empreendimento visa ampliar a linha de produção de bicicletas (i) e para isso necessita de uma fábrica (ii) com uma linha de produção instalada (iii) que atenda ao aumento da produção.

De nada adiantaria uma fábrica (ii) sem a linha de produção instalada (iii). Da mesma maneira, não adiantaria ter uma linha de produção (iii) e não ter um local físico, a fábrica (ii), para instalá-la.

Talvez a visão de empreendimento (i-ii-iii) caiba mais para o cliente do que para o construtor.

Para o construtor, o escopo é realizar a construção de uma fábrica que permita a instalação de uma linha de produção de bicicletas.

Se a linha de produção vai ser realmente instalada e quando isso vai acontecer não é objeto de preocupação da construtora, não faz parte do seu escopo. Agora, a fábrica deve ser dimensionada e executada (tamanho, resistência de piso, energia, ventilação, etc.) de maneira que permita a instalação da linha de produção; deve atender a seus **requisitos**.

Para entender em definitivo a definição do que é escopo e a sua importância, vamos primeiro entender o que são **requisitos** com um exemplo.

Você recebeu a documentação do projeto e através dos desenhos e especificações concluiu que a parede da divisa do terreno deve ser erguida em alvenaria em blocos de concreto, com três metros de altura, e seu revestimento em argamassa deve ser finalizado com tinta acrílica. Não há definição da cor da tinta a ser aplicada, e você não se atentou a essa falta de informação, até porque todos os demais elementos do edifício que receberão pintura possuem a definição de cor. Na hora de concluir as atividades para entrega da parede de divisa do terreno, esta recebeu o acabamento com tinta acrílica, na mesma cor das paredes do edifício, por ser a cor que prevalecia no projeto.

- ✓ **Escopo:** parede em alvenaria em blocos de concreto, com três metros de altura e revestimento em argamassa, finalizada com tinta acrílica.

O cliente foi chamado para conferir e receber essa etapa do trabalho e não ficou satisfeito com o resultado. A parede não está com o acabamento na cor que ele esperava que estivesse. Mas você fez **exatamente** o que o escopo pedia para que fosse feito; o escopo foi cumprido, todavia, não previa em detalhe a especificação necessária para atingir os **requisitos** do cliente; faltou definir a cor da tinta. Você fez exatamente o que o cliente pediu, mas não atendeu ao que ele realmente queria.

Em outro projeto, um dos funcionários de sua equipe responsável pelo acompanhamento dos serviços executados percebeu que não havia a definição da cor e pediu, através de uma comunicação com o cliente, que este a definisse. Ao receber a definição da cor da parede, atualizou a descrição do escopo dessa etapa da obra.

- ✓ **Escopo (rev. 1):** parede em alvenaria em blocos de concreto, com três metros de altura e revestimento em argamassa, finalizada com tinta acrílica **na cor cinza médio metalizado**.

Você avaliou que o resultado do acabamento da parede apenas com a pintura acrílica não resultaria em um produto interessante. A parede iria ficar muito simples com esse tipo de acabamento, então resolveu surpreender o cliente, mesmo que isso custasse um pouco mais para o projeto. Em vez de revestir a alvenaria com argamassa simples, resolve aplicar uma textura no seu acabamento.

O cliente foi chamado para conferir e receber essa etapa do trabalho e não ficou satisfeito com o resultado. Ele esperava que o revestimento da alvenaria fosse feito com argamassa lisa, tradicional, e não texturizada. Mas você fez **exatamente** o que o escopo pedia para que fosse feito; todavia, não previa toda a especificação necessária para atingir os **requisitos** do cliente; faltou definir a textura da argamassa de revestimento da parede. Novamente, você fez exatamente o que o cliente pediu, até mesmo tentou superar o que ele esperava, mas o resultado não foi satisfatório. Caso tivesse feito o revestimento da alvenaria em argamassa com textura lisa tradicional, por mais que o escopo omitisse essa informação, acabaria por atender a todos os requisitos declarados e esperados pelo cliente. Em uma última revisão dessa mesma etapa da obra, poderíamos ficar com algo como:

- ✓ **Escopo (rev. 2):** parede em alvenaria em blocos de concreto, com três metros de altura e revestimento em argamassa **textura lisa**, finalizada com tinta acrílica **na cor cinza médio metalizado**.

Mesmo sobre essa última descrição podem surgir outras perguntas e dúvidas. A espessura dessa parede, de quanto deve ser?

Informações sobre uma atividade ou um produto do projeto podem estar em mais de um documento do projeto – a espessura da parede, no exemplo, pode constar nas plantas (desenhos) da construção.

Definição simplificada para escopo: descrição do que deve ser executado em cada atividade para atender aos **requisitos** do projeto, não devendo ser feito **nem mais, nem menos**.

Ou "o trabalho que deve ser realizado para entregar um produto, serviço ou resultado com as características e funções específicas" (PMI, 2013, p. 105).

4.4.1.2. Objetivos

O projeto deve ser concluído e entregue ao cliente no prazo, com os custos e recursos previstos, atendendo a todos os requisitos estabelecidos. Esses são os objetivos do projeto.

Conforme definições do Tribunal de Contas da União (TCU, 2016), "a declaração de objeto deve indicar, de modo sucinto, preciso, suficiente e claro, o meio pelo qual um determinado objetivo da Administração deverá ser satisfeito [...]".

Ainda de acordo com o TCU (2016), as partes essenciais da declaração de objeto são:

- ✓ Descrição do núcleo imutável do objeto.
- ✓ Relação dos quantitativos.
- ✓ Declaração do prazo.

Como se aplicam às obras contratadas pelo setor público, para o TCU o objeto deve ser dar exclusividade à prestação de serviços (vedado o fornecimento exclusivo de mão de obra).

O enunciado da declaração de objetivos do projeto parece mais blá-blá-blá para satisfazer documentos jurídicos, como o edital de concorrência e o contrato. Sim, atendem a esses documentos, mas há uma relevância no seu conteúdo, mais do que se pode imaginar a princípio.

Uma técnica bastante difundida para auxiliar na descrição dos objetivos do projeto é atender às especificações da S. M. A. R. T. (HELDMAN, 2006), inteligente em inglês (Tabela 8).

Tabela 8. S. M. A. R. T.

	Significado	Exemplo
S	*Specific* – Específico	Execução sob regime de empreitada a preço global das obras para construção do Hospital João Paulo II na cidade de São Paulo...
M	*Measurable* – Mensurável	...composto de uma torre com oito andares de 1.800 m2 cada andar, perfazendo um total de 14.400 m2...
A	*Accurate* – Acurado	...atendendo aos requisitos do Anexo I do Edital de Concorrência...
R	*Realistic* – Realista	...de acordo com a proposta vencedora, no valor total de $ 200.000.000...
T	*Time Bound* – Tempo limitado	...a ser entregue em 02 de maio de 2016.

Fonte: adaptado de HELDMAN, 2006, p. 98

4.4.2. Projeção financeira

A projeção financeira do projeto equivale a um fluxo de caixa. São os valores de desembolso para os materiais adquiridos, para os serviços e equipamentos contratados e faturados, para a folha de pagamento e os impostos recolhidos. As entradas são os recebimentos do cliente.

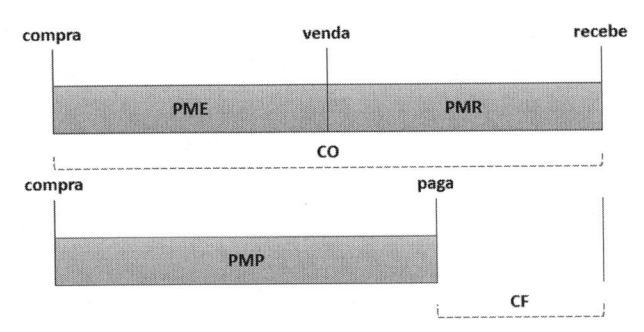

Figura 17. Projeções financeiras.
Fonte: autor

De acordo com a Figura 17:

- ✓ **Ciclo Operacional (CO):** tempo decorrente desde a compra até a produção, passando pela venda dos serviços até o pagamento dessa venda pelo cliente.
- ✓ **Prazo Médio de Execução (PME):** período que gera os serviços a serem vendidos.
- ✓ **Prazo Médio de Recebimento (PMR):** pagamento pelo cliente dos serviços que foram vendidos.
- ✓ **Ciclo Financeiro (CF):** mede as movimentações de caixa. Abrange o período compreendido entre o desembolso inicial de caixa, com o pagamento de compra para o fornecedor, até o recebimento pela venda do produto.
- ✓ **Prazo Médio de Pagamento (PMP):** pagamento da compra para o fornecedor.

4.4.2.1. Posição financeira

A posição financeira considera as datas dos pagamentos e dos recebimentos, sendo o resultado obtido até o período em análise um balanço entre as entradas e as saídas.

Os valores relacionados aos pagamentos de salários dos funcionários, os seus impostos e encargos rescisórios e os impostos retidos e recolhidos sobre as faturas de terceiros possuem datas específicas de pagamento, diferentemente das datas de seus valores principais. Isso implica que poderemos trabalhar com dois tipos de posição:

- ✓ **Posição financeira gerencial:** considera os valores **integrais** nas datas dos pagamentos e dos recebimentos dos valores principais de cada evento.
- ✓ **Fluxo de caixa:** considera os valores **líquidos** nas datas dos pagamentos e dos recebimentos.

A posição financeira precisará ser acompanhada de notas explicativas para situações do tipo:

- ✓ Pagamentos adiantados realizados a fornecedores (serviços não concluídos).
- ✓ Pagamentos postergados de fornecedores (serviços não faturados).
- ✓ Recebimentos antecipados pelo cliente (serviços não concluídos).
- ✓ Recebimentos postergados pelo cliente (serviços não faturados).
- ✓ Grandes estoques de materiais.

4.4.2.2. Posição econômica

A posição econômica considera como evento para registro as datas das emissões das faturas dos fornecedores e como entrada as datas das faturas emitidas contra o cliente, sendo o resultado obtido até o período em análise um balanço entre as entradas e as saídas.

Os valores relacionados aos salários dos funcionários são considerados no mesmo mês de competência da folha, acrescidos dos encargos sociais provisionados.

A posição econômica poderá necessitar das mesmas explicações mencionadas sobre a posição financeira, para esclarecer eventuais distorções nos valores.

5. Ciclo de vida do projeto

Vimos que os projetos da construção civil, como todos os projetos de modo geral, são compostos pelo emprego de pessoas, de materiais e de equipamentos, organizados de acordo com um processo sequencial de atividades de tal modo que, passado o tempo de realização dessas atividades (construção), resultem no produto final esperado.

Os recursos (pessoas, materiais e equipamentos) são empregados em variação de quantidades e de características específicas a cada fase e a cada um dos subprodutos. O volume de recursos empregados aumenta à medida que cada fase avança.

A série de fases de um projeto é denominada de ciclo de vida do projeto (KEELLING, 2002).

As fases de um projeto da construção civil podem ser assim denominadas:

- ✓ Mobilização (conceito).
- ✓ Planejamento.
- ✓ Execução (implementação).
- ✓ Desmobilização e encerramento (conclusão).

A Figura 18 mostra as fases de um projeto associadas com a duração dos processos e com a movimentação dos recursos financeiros em cada uma dessas fases.

O ciclo de vida do projeto é composto por fases, e fases são formadas por processos.

Vimos anteriormente que a análise conjunta da Figura 11 e da Figura 12, associada à dimensão de seu projeto e às informações colhidas na reunião de início de como os departamentos da empresa estão estruturados, dará subsídios para elaborar a estrutura organizacional da equipe do projeto.

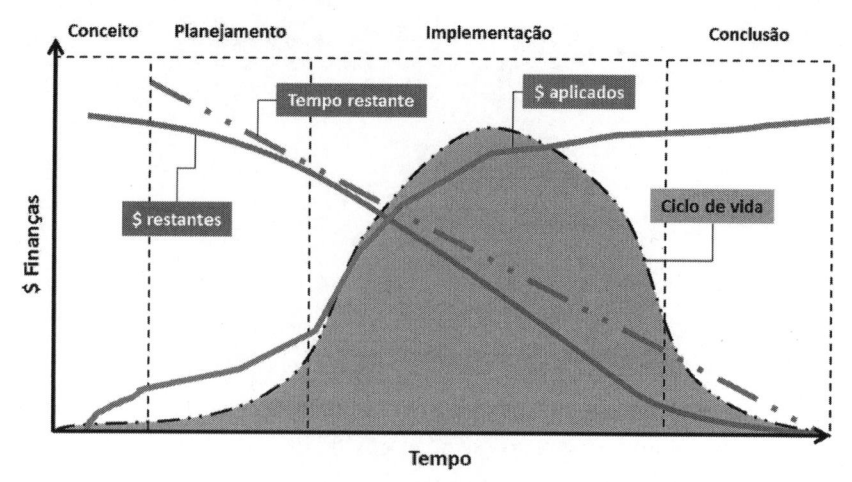

Figura 18. Ciclo de vida do projeto.
Fonte: adaptado de KEELLING, 2002, p. 16

Um outro nível de relação a ser observado são os principais processos de gerenciamento. A Figura 19 denomina e relaciona as principais etapas desses processos.

Uma visão mais ampla, considerando todos os processos de gerenciamento, pode ser observada na Figura 12, vista anteriormente.

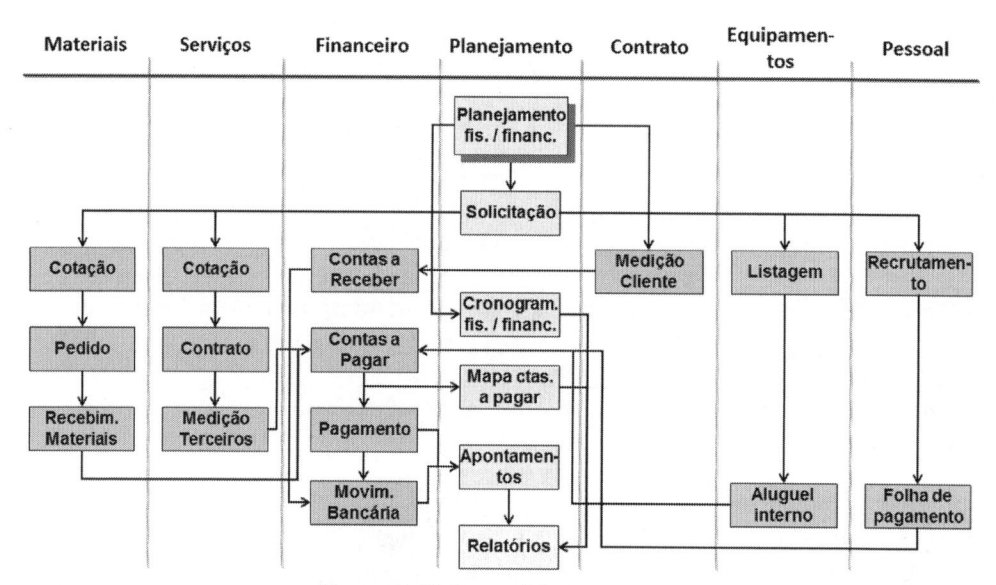

Figura 19. Visão geral dos processos.
Fonte: autor

Os **principais** processos, como aqui foram classificados, não estão relacionados ao nível de importância. Isso não existe: todos os processos são importantes e essenciais em suas características. Experimente tirar um processo ou mesmo uma etapa de um deles e o efeito será geral, sistêmico.

Se estivéssemos tratando de um sistema computacional, de um bom sistema, nenhuma etapa que fosse requisito seria pulada. A visão geral de processos deve ser encarada como um sistema lógico.

A concepção do modelo próprio da empresa, do seu modelo de processos, da relação de cada etapa, a descrição de como executar e do que executar em cada etapa, quais os modelos de relatórios, quais os indicadores, os sistemas computacionais e as ferramentas e técnicas de suporte às etapas, tudo isso consiste na **metodologia de gerenciamento**.

Quantidade também não significa qualidade. Os processos devem ser abrangentes o suficiente para garantir, na visão da empresa, uma boa execução do seu gerenciamento do projeto.

Não adianta prever mais na sua metodologia e fazer menos, ou fazer tudo mais ou menos. Identificar onde exatamente se encontra, aonde pretende chegar e quais passos pretende dar para lá chegar é a maneira mais sólida para construção do conhecimento em gerenciamento, como em qualquer outro aprendizado.

Portanto, se não estiver explícito, delimite muito bem quais são os seus processos de gerenciamento, construa o seu fluxograma, por completo, daquilo que considera que realmente esteja sendo razoavelmente bem executado. Confronte o resultado com o seu modelo ideal, veja primeiro se as suas necessidades estão sendo atendidas e com isso identifique as lacunas que precisam ser preenchidas e complementadas para atingir o seu modelo ideal.

O que é necessário? Conhecimento? Treinamento? Ferramentas computacionais? Execução efetiva da etapa do processo? Trace um plano de **como** preencher cada lacuna. Você talvez não consiga executá-lo antes do término de seu atual projeto – se não for essencial para o seu sucesso no projeto isso não será um problema, mas não deixe que esse detalhe o desencoraje. Comece.

A maturidade em gerenciamento de projetos "[...] é ligada a quão capaz uma organização está de gerenciar seus projetos" (PRADO, 2016). Você poderá ver mais sobre essas questões e até mesmo confrontar e posicionar o seu modelo de gerenciamento através de modelos de avaliação da sua **maturidade** em gerenciar projetos.

5.1. Planejamento de mobilização

Ter um plano é melhor do que não ter plano nenhum. Essa frase traz uma afirmação, já popular, citada por muitos e de muitas maneiras, sob diversos contextos de planejamento. Alguns extrapolam, aceitando um plano ruim, desde que haja um plano.

Mas por que partir de um plano ruim? Para ser completo, completo e ruim?

Já vi muitos casos de insucesso em projetos devido exatamente a esse paradigma. "Como não tenho informações suficientes para elaborar um bom plano, parto de um plano **genérico** para dizer que tenho um plano e sigo, na realidade, com outro plano, com o **meu plano**, que vou construindo informalmente, conforme as informações forem se confirmando". Ora, se há uma maneira de se ter um plano ruim, a maneira é essa. Seria como ter um plano para ficar na parede ou na gaveta, somente para "inglês ver".

Ao final do período imperial, antes de promulgar a lei que libertara os escravos, o Brasil passava por fortes pressões exercidas pela Inglaterra para que coibisse o tráfico de escravos. Como resposta às pressões dos ingleses, o Império do Brasil tomou providências que, na prática, não tinham objetivo nenhum, ficaram apenas no papel, daí o surgimento, de acordo com o filósofo João Ribeiro (1960), da expressão que é conhecida até hoje, **para inglês ver**.

O caminho até aqui seguido já reuniu elementos mais do que suficientes para se elaborar um primeiro bom plano básico de partida para o projeto. Uma primeira versão, de muitas e muitas outras que virão. Outro paradigma: diversas versões de um plano significariam um plano de partida ruim e uma coletânea de trabalhos desperdiçados. Um bom plano de partida deve, sim, ser revisitado e revisado tantas vezes quanto necessário. Somente assim o planejamento efetuado terá utilidade, não será uma peça decorativa na parede, como se fosse um quadro, não se tornará um trabalho apenas **para inglês ver**.

E o planejamento **não é a tarefa mais importante** do gerenciamento de projetos. Todas as tarefas possuem o seu peso e contribuição, de acordo com cada área de atuação. Uma tarefa somente se torna a mais importante quando ela deixa de ser feita ou é malfeita. Daí, sim, todos sentem o peso de sua importância.

O planejamento também não se torna a tarefa mais importante do gerenciamento de projetos apenas por ser uma das primeiras competências a ser trabalhadas no projeto, ou por ser uma das competências com maior presença ao longo do projeto. Novamente: deixar de fazer, ou fazer uma tarefa malfeita, é que atrai para ela os holofotes da importância.

5.1.1. Detalhamento das atividades

Se você estiver no processo desde a elaboração do orçamento inicial, participou do desenvolvimento de todos ou ao menos dos principais estudos para elaboração do orçamento, participou da elaboração e definição do preço de venda, das propostas técnicas e comerciais, das discussões com o cliente e possui, nesse momento, todas as informações reunidas, conferidas e estudadas, a tarefa a partir desse momento será muito mais rápida e tranquila.

Antes de começar, compete uma passagem de olhos sobre a planilha de custos, ou sobre a planilha de venda, fazendo anotações de eventuais **pontos nebulosos**, assuntos que talvez não estejam ainda muito bem esclarecidos ou que não possuam documentação mínima suficiente para se tornarem esclarecidos.

Para muitos dos itens na planilha, a descrição por si só já deverá dar por entendido o que deve ser executado. Já para outros, desenhos e descritivos deverão ser associados para uma análise completa e conclusiva – e aí, talvez, morem as dúvidas ou, pior do que elas, as possibilidades de interpretações.

Informações de projeto não devem dar margem a interpretações. Se um conceito não estiver claro o suficiente, cada um que interagir com a questão ou necessidade poderá ter uma definição diferente sobre o tema. Por isso, como partida, faça essa revisão básica sobre a lista e destaque os pontos de atenção para uma segunda análise futura.

5.1.1.1. A estrutura analítica do projeto (EAP)

A estrutura analítica do projeto (EAP), ou a estrutura analítica do trabalho (EAT), é mais comumente conhecida como planilha de custos e composições, planilha de venda ou planilha de preços.

Essa tabela, normalmente uma lista classificada em tópicos, apresenta todo o desenvolvimento da obra, todas as tarefas, etapas, serviços, produtos e requisitos que deverão ser executados para a conclusão do projeto.

Ideal seria poder manter inalterada a estrutura da planilha herdada com a proposta vencedora, porque essa estrutura é a mesma que o cliente já possui. Quando se falarem, falarão sobre essa mesma base.

A planilha de custos da obra que se relaciona em itens com a planilha de venda não deve conter o orçamento de custos indiretos; estes devem estar em outra planilha. Altamente recomendado, para um melhor acompanhamento e controle, que considere incorporar as duas informações em uma mesma planilha – o que faz todo o sentido, pois as atividades de gerenciamento são atividades indissolúveis do projeto.

Outra visão, menos comum no uso, mas, quando se acostuma a utilizar pode ser de grande efeito prático, principalmente quando associada ao uso de ferramenta computacional específica como o WBS Schedule Pro, é a EAP na sua forma gráfica.

> O gráfico da EAT (Estrutura Analítica do Trabalho) é uma forma de organizar um projeto em diferentes níveis de detalhe utilizando um diagrama hierárquico. O tradicional gráfico Estrutura Analítica do Trabalho apresenta diferentes níveis de detalhe, começando com a mais alta ou maior no topo. Em seguida, cada fase (ou componente) do projeto é definida em níveis subsequentes, até que seja alcançado o nível apropriado de detalhe. Os itens de nível mais baixo no gráfico são as tarefas no projeto. Aqueles com itens subordinados são as tarefas de resumo do projeto (CRITICAL TOOLS INC, 2016).

A Figura 20 mostra um exemplo de EAP representada através da forma gráfica em um dos modelos disponíveis gerados através da ferramenta computacional WBS Schedule Pro.

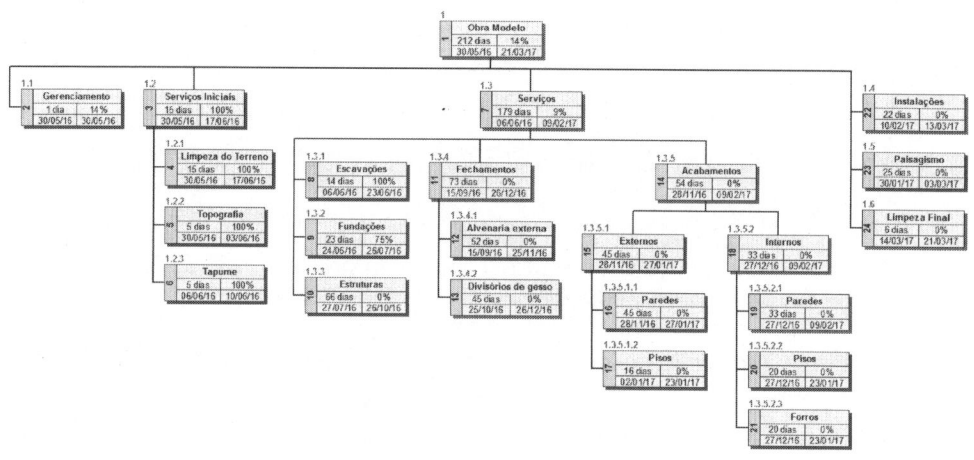

Figura 20. EAP.
Fonte: autor

Independentemente da forma da representação, gráfica ou em planilha, o que mais ajuda no projeto, no controle e no acompanhamento do que deve ser executado, na apuração do custo aplicado, na identificação do momento e na duração da execução é a organização dos vários níveis que uma EAP tiver.

A decomposição do projeto até o seu último nível determina a entrega, a atividade, aquilo que deverá ser produzido naquela etapa do processo – e é nesse último nível que estarão os recursos necessários para realização da tarefa.

Decompor demais pode atrapalhar, mas ser sucinto no detalhamento também. Por mais que pareça subjetivo, caberá a cada gerente de projeto estabelecer o nível ideal do detalhamento.

Em projetos de construção fica difícil decompor além do necessário quando se pensa no processo de execução e naquilo que está sendo produzido em determinada etapa.

Por exemplo, se a atividade for a instalação de portas, talvez não faça sentido decompor essa atividade em duas (fixação da porta no batente e instalação da maçaneta e da fechadura na porta), podendo ser ambas partes de uma única atividade.

Agora, talvez já faça sentido decompor essa atividade em duas quando, por exemplo, a fechadura a ser instalada é uma fechadura eletrônica de controle de acesso que dependerá de uma equipe específica para sua instalação e configuração.

Um erro comum que deve ser evitado é decompor até o nível menor de controle, como se a execução fosse própria, quando se optou pela terceirização de determinada etapa da obra.

Nesse contexto, a EAP deve ser revista e o agrupamento dessas atividades deve ser adequado, passando a considerar apenas um insumo: o contrato de terceirização. A Figura 21 demonstra o que seria um exemplo desse tipo de revisão.

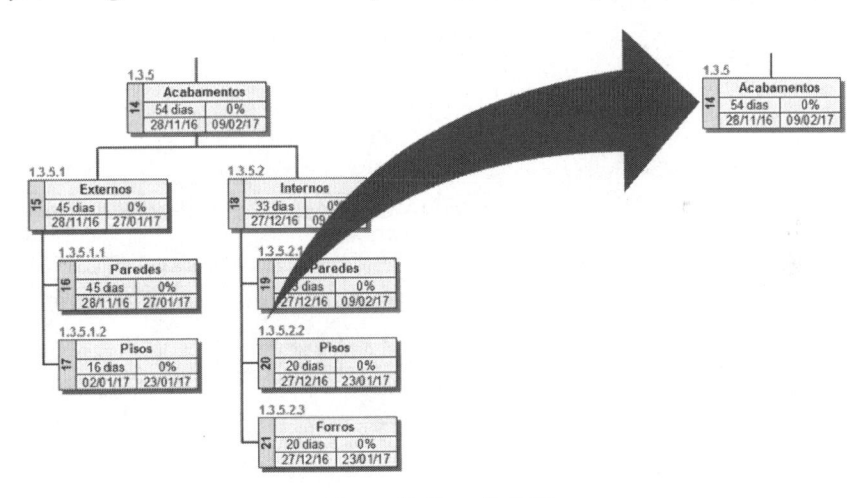

Figura 21. Revisão EAP.
Fonte: autor

No exemplo anterior as atividades de números 15 a 21 foram suprimidas (lado direito da figura) porque todos os serviços associados a essas atividades foram terceirizados para uma empresa subcontratada.

Não fazer esse ajuste prejudica o controle do próprio serviço terceirizado e do projeto como um todo, falseando a lista de recursos da obra.

O contrário também é valido, ou seja: decompor até o nível menor de controle quando se decide pela execução própria das atividades que até então eram previstas para serem terceirizadas.

5.1.1.2. Planos de contas e centros de custo

A construtora provavelmente deve possuir uma certa quantidade de obras. Cada obra pode ser considerada uma unidade de negócio da construtora (Figura 22), o que seria o equivalente, por exemplo, a uma agência bancária para um banco, só que, no caso da obra, com data definida para fechar (terminar).

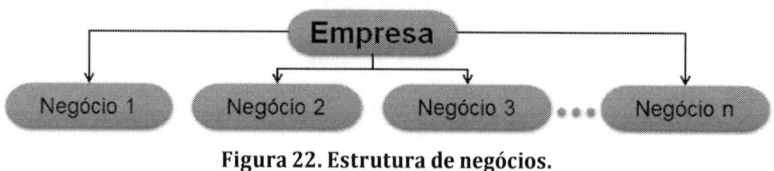

Figura 22. Estrutura de negócios.
Fonte: autor

Algumas empresas chegam até mesmo a abrir uma filial no local da obra, ou abrir o registro de uma nova empresa, como se a obra fosse uma empresa, dentro de um modelo de registro de atividade comercial específico.

Em se tratando de uma obra executada por um consórcio, a divisão da unidade como sendo uma empresa já se faz naturalmente. Para um consórcio, é efetuada a abertura de uma empresa, dentro de seu modelo de registro de atividade comercial.

Essa divisão bem delineada não é preciosismo ou apenas para atendimento a alguns requisitos legais e contratuais. Quanto maior for a clareza no modelo de identificação e divisão das contas, maior a qualidade das informações de apuração de seus resultados.

A unidade gerencial denominada de "Negócio" possui normalmente relação com apenas um centro de custo cadastrado para ela (Figura 23), onde todas as movimentações de custos (débitos) e de receitas (créditos) serão registradas contabilmente.

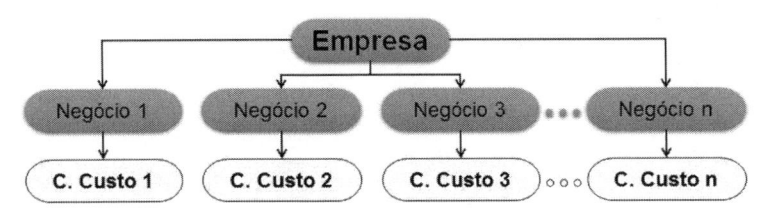

Figura 23. Estrutura de centro de custo.
Fonte: autor

O centro de custo é a menor fração de atividade ou área de responsabilidade para a qual é feita a acumulação de custos e também receitas. Os centros de custos podem coincidir com departamentos – e em alguns casos uma obra ou departamento pode conter mais de um centro de custos.

A definição dos negócios e seus respectivos centros de custos apropriados para a visão do projeto são fundamentais para identificação, classificação e acompanhamento dos custos e das receitas da obra. Mais adiante veremos como isso se aplica.

5.1.2. Sequenciamento das atividades

Até aqui tudo está parado. Na elaboração da EAP começa a haver um certo movimento, pois é natural que esta se encontre organizada, do primeiro ao último tópico, na ordem em que as coisas deverão acontecer.

Então, não deveremos encontrar telhado antes de estrutura e não encontraremos estrutura antes de fundações. Existirá, no sequenciamento dos itens, uma certa lógica, mas ainda não haverá uma conexão entre as atividades.

É como fazer um bolo. Por mais que você não tenha feito um bolo antes, acredite, a ordem de mistura dos ingredientes interfere no resultado. Também não dá para colocar a mistura para assar sem antes bater todos os ingredientes em uma batedeira. Acaba por haver um sequenciamento lógico para o processo.

Trazendo um exemplo para o nosso terreno, não dá para realizar a concretagem de uma laje sem antes realizar a armação da estrutura dessa laje, e sem essa armação não dá para instalar os condutores e os pontos de luz na laje. E tudo bem se você fizer diferente no papel: tenha certeza que no campo as coisas acontecerão da maneira como devem acontecer.

Ora, então quer dizer que o sequenciamento das atividades como plano de nada serve? Não. Quer dizer que o seu papel, literalmente, terá grande importância para o acompanhamento do tempo e do planejamento dos recursos das atividades. O microssequenciamento, esse que ocorre naturalmente no campo, não deve ser o seu foco.

Faz toda a diferença pensar no sequenciamento das atividades em termos de grandes etapas da obra. Pensando na construção de um edifício, em que momento deve entrar a execução das lajes da periferia da torre principal? A concretagem daquela rampa de acesso ao subsolo? A finalização do quadro de entrada? O início do paisagismo? Etc.

O sequenciamento das etapas da construção também tem relação com a logística e a disposição interna dos equipamentos e das construções provisórias no canteiro de obras. O espaço de manobra e de estacionamento dos caminhões de concreto deverá ser ocupado até enquanto houver concreto sendo aplicado, o que coloca para mais adiante as etapas da construção previstas para a área ocupada pelos caminhões.

5.1.3. Duração das atividades

Muito provavelmente você não deixou de ser agraciado com um cronograma da obra junto com as informações do orçamento, ao menos não por um que mereça uma boa revisão.

Pontos a destacar, antes de entrarmos em maiores detalhes:

- ✓ **Não esqueça das atividades acessórias:** bastante comum perceber em excelentes trabalhos de planejamento o total desprezo pelas atividades acessórias, como segurança do trabalho e qualidade.
- ✓ **A logística interna importa:** dependendo da estruturação do canteiro, obras lineares como a construção de estradas, por exemplo, ou qualquer outro tipo de exemplo em que o estoque dos materiais fique distante do ponto de execução da atividade, refletirão em tempo para realização da atividade.
- ✓ **Não subestime as esperas:** falhas na distribuição dos materiais, no preparo das frentes e na disponibilidade dos equipamentos podem ocorrer e certamente ocorrerão, todavia não devem ocorrer em demasia, o que deve ser sanado tão logo identificado.

Ressaltados esses lembretes, a duração de uma atividade é representada pelo tempo total necessário para sua realização.

O ponto de partida para estabelecer a duração de cada atividade é trabalhar com as informações herdadas do orçamento e de projetos correlatos que a empresa possuir. A somatória dos tempos das atividades, respeitando o sequenciamento ora estabelecido entre as atividades, dará o tempo total necessário para realização da obra.

Caminho crítico: do sequenciamento das atividades ressaltará aquele que, da soma das durações das atividades, resultar no maior tempo necessário para execução. A esse conjunto/sequência de atividades denominamos caminho crítico. Crítico porque qualquer variação de atraso em uma de suas atividades refletirá diretamente em atraso no término previsto para o projeto.

Caso os números não estejam fechando (tempos das atividades e prazo da obra):

- ✓ Analisar o caminho crítico, rever os tempos das atividades, verificar se as estimativas estão razoáveis.
- ✓ Colocar mais recursos, o que poderá implicar em aumento de custos (muitas equipes em uma mesma atividade fazem com que a produtividade média da equipe seja menor que poucas equipes).
- ✓ Estabelecer mais jornadas de trabalho para aquela atividade, o que poderá implicar em aumento de custos (horas extras).
- ✓ Rever os processos (mudar o processo construtivo, prever a contratação de equipe específica terceirizada) e eventualmente até mesmo o sequenciamento das atividades (mudar de caminho crítico).

5.1.4. Cronogramas de recursos

A representação gráfica do calendário e do sequenciamento das atividades, o gráfico de Gantt ou gráfico de barras, é um dos produtos mais icônicos do processo de planejamento. Se não for utilizado, vai se transformar em um belo adereço decorativo; se bem utilizado, será o seu guia para evitar eventuais catástrofes na execução do projeto.

Acredito que até a presente etapa deste livro eu não tenha mencionado ou defendido a utilização de qualquer ferramenta eletrônica nas atividades de gerenciamento. Se realmente não fiz, não foi por falta de acreditar nelas – pelo contrário, são instrumentos poderosos para acelerar os trabalhos, facilitar a comunicação, impor padrão, apontar necessidades de correções, entre outros benefícios. Mas de nada adiantará o uso de ferramentas eletrônicas poderosas e modernas se a síntese do trabalho não for observada. Serão produzidos belos e sofisticados relatórios que ninguém utilizará.

O gráfico de barras, ou gráfico de Gantt, ou cronograma de recursos, como preferi chamar no título deste tópico, traz as informações essenciais do que fazer e de quando deve ser feito. Para se tornar um instrumento real de uso, deve receber de volta as informações do que foi executado e as revisões das atividades, tantas vezes quanto for necessário.

Muitos fazem mau juízo das revisões. Não importa o motivo; se for necessário atualizar os planos, atualize! Veremos maiores detalhes mais adiante.

Os eventos marcos fazem parte do cronograma de recursos. Os marcos representam os eventos principais do projeto. Não possuem duração, são datas que determinam quais atividades foram completadas. Exemplos:

- ✓ Data para entrega final das alvenarias.
- ✓ Data para início do revestimento externo.
- ✓ Data para início da limpeza final da obra.
- ✓ Data para conclusão da montagem do canteiro de obra.
- ✓ Data da entrada dos montadores contratados pelo cliente.

5.1.5. Meio ambiente, saúde e segurança no trabalho

Para iniciar e terminar uma atividade há requisitos de meio ambiente, saúde e segurança no trabalho que devem ser atendidos, com risco de o início da atividade atrasar ou mesmo ter que ser cancelada se tais requisitos não forem atendidos. Não faz mal prevê-los, quer seja na descrição da atividade, considerando no tempo total da atividade o tempo de que necessitarem, ou mesmo prevê-los em uma atividade específica.

A montagem de um elemento de proteção coletiva (EPC) é um bom exemplo de atividade que poderá constar na EAP. É representativa, toma recursos e as atividades sucessoras são dependentes da sua execução e conclusão para poderem iniciar.

5.1.6. O plano de execução

O roteiro está escrito, revisado e aprovado. O filme está pronto para ser rodado. Você é o diretor e está pronto para bater a claquete. O seu plano de ataque, reunião de todos os documentos produzidos até o momento, começa a produzir informações e outros documentos, necessários para dar movimento aos processos previstos em cada uma das atividades da obra.

5.1.6.1. Suprimentos

Partimos da EAP, decompomos as atividades até o seu menor nível, reunindo uma lista de recursos a serem consumidos para entregar o produto previsto em cada etapa.

A somatória das quantidades de um mesmo recurso previstas em uma ou mais atividades do projeto gera a lista de suprimentos do projeto. Nesse ponto, se trabalharmos com uma lista codificada, os controles serão conduzidos com maior facilidade, como veremos mais adiante.

A Figura 24 representa graficamente, para alguns itens da EAP e alguns dos recursos, como seria dado o agrupamento dos recursos para montagem da lista de suprimentos. Observe que, no exemplo, o denominado **Material A** atenderia a quatro atividades do projeto.

Desse modo, com o uso de listagens padronizadas e identificadas por códigos, fica possível a consolidação das informações mesmo que seja através de planilhas eletrônicas.

A propósito, usar e abusar de listas padronizadas traz ao gerenciamento do projeto velocidade na tomada de decisões, facilita a elaboração de comparativos e simplifica o controle dos gastos, como veremos mais adiante.

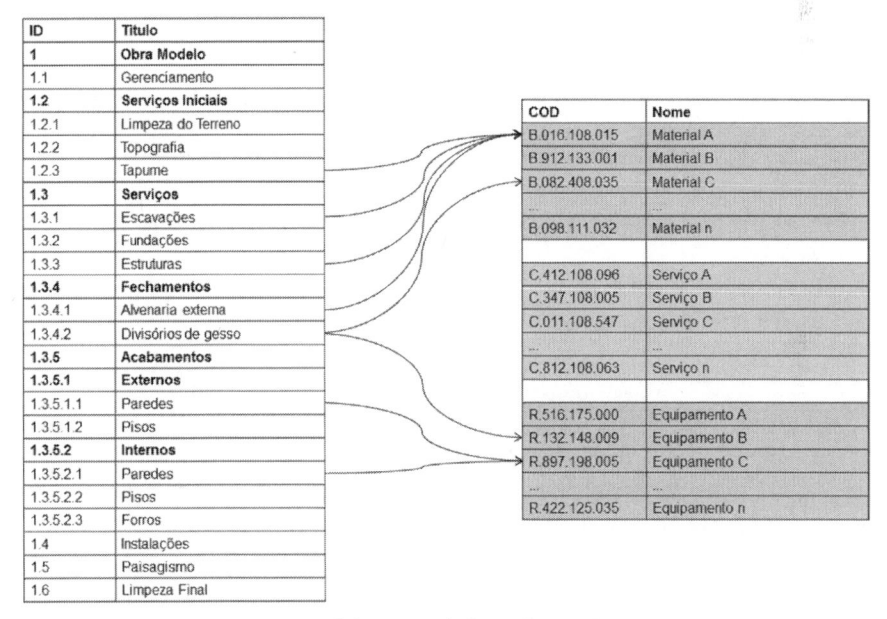

ID	Título
1	Obra Modelo
1.1	Gerenciamento
1.2	Serviços Iniciais
1.2.1	Limpeza do Terreno
1.2.2	Topografia
1.2.3	Tapume
1.3	Serviços
1.3.1	Escavações
1.3.2	Fundações
1.3.3	Estruturas
1.3.4	Fechamentos
1.3.4.1	Alvenaria externa
1.3.4.2	Divisórios de gesso
1.3.5	Acabamentos
1.3.5.1	Externos
1.3.5.1.1	Paredes
1.3.5.1.2	Pisos
1.3.5.2	Internos
1.3.5.2.1	Paredes
1.3.5.2.2	Pisos
1.3.5.2.3	Forros
1.4	Instalações
1.5	Paisagismo
1.6	Limpeza Final

COD	Nome
B.016.108.015	Material A
B.912.133.001	Material B
B.082.408.035	Material C
...	
B.098.111.032	Material n
C.412.108.096	Serviço A
C.347.108.005	Serviço B
C.011.108.547	Serviço C
...	
C.812.108.063	Serviço n
R.516.175.000	Equipamento A
R.132.148.009	Equipamento B
R.897.198.005	Equipamento C
...	
R.422.125.035	Equipamento n

Figura 24. Elaboração da lista de suprimentos.
Fonte: autor

Pense que, da mesma maneira que os insumos de um projeto podem ser consolidados em uma lista, as listas de insumos de vários projetos também podem ser consolidadas em uma única lista de suprimentos (Figura 25).

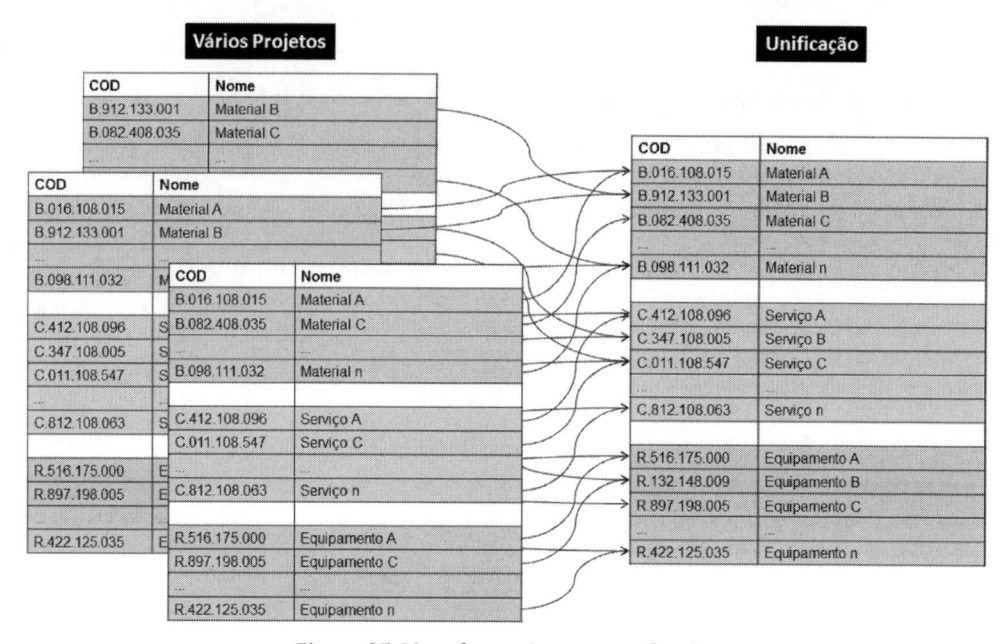

Figura 25. Lista de suprimentos unificada.
Fonte: autor

As informações apenas dos quantitativos dos insumos ainda não são suficientes para o processo de suprimentos. É necessário gerar o cronograma de suprimentos.

As seguintes informações mínimas são necessárias para compor o cronograma de suprimentos.

Materiais:

✓ **Consumo:** quantidade diária de consumo prevista.
✓ **Estoque mínimo:** quantidade em estoque para suportar os atrasos de entrega, as rejeições de qualidade e as alterações do consumo.
✓ *Lead time* **(tempo de reposição):** tempo gasto desde a verificação de que o estoque precisa ser reposto até a chegada efetiva do material no almoxarifado da obra.
✓ **Prazo de reposição – PR:** data limite para atender ao tempo necessário para solicitação e entrega do material.

✓ **Lote útil de entrega:** quantidade mínima que viabilize o frete para entrega do material.
✓ **Espaço de estocagem:** quanto do material é possível armazenar na obra.
✓ **Validade:** prazo limite de estocagem, de acordo com cada material.

Antes de decidir estocar determinado item na obra, devemos elaborar as seguintes questões: é econômico estocar o item, mesmo não havendo necessidade imediata, com o objetivo de se antecipar a um aumento de preço ou a uma possível falta do produto no mercado?

Estoque mal dimensionado é prejuízo certo. Falta do material, sobra, material estragado por mal acondicionamento ou por ter a validade expirada, mudança de especificação do material a ser empregado, furtos ou roubo, compra antecipada sem vantagem econômica... veja quantas observações envolvem o que comprar, quando e quanto comprar.

A realização da primeira compra e a reposição de estoque devem ser antecipadas por uma solicitação, a tempo de o prazo de reposição cobrir o avanço do consumo dos materiais até o limite do estoque mínimo, linha de estoque de segurança, para não faltar o material na obra.

A Figura 26 demonstra como se comportam os principais elementos do cronograma de materiais, com destaque para o estoque mínimo, que é a zona limite, o sinal amarelo para não faltar material na obra.

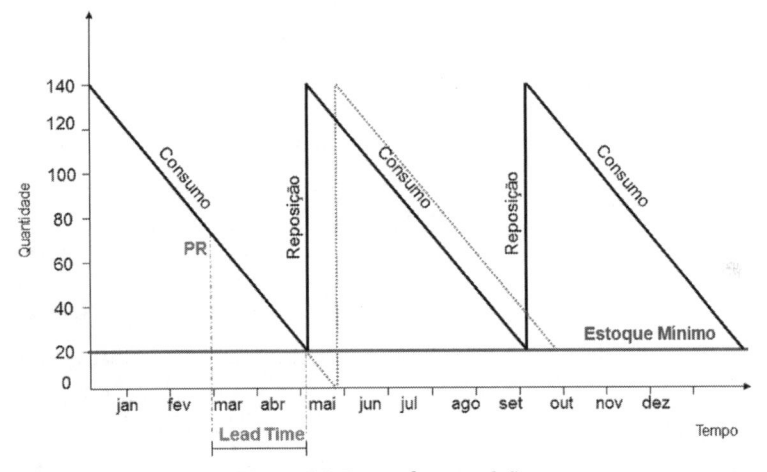

Figura 26. Prazo de reposição.
Fonte: adaptado de GONÇALVES, 2004, p. 123

A empresa poderá ter previamente calculado e registrado no cadastro de insumos em sistema alguns desses parâmetros, que poderão ser adotados para o seu projeto após uma pequena revisão de adaptação. Caso tais parâmetros não estejam disponíveis, um cálculo possível para obtê-los é relativamente simples de ser efetuado. Vamos a um exemplo.

Uma das maneiras existes de comercialização do cimento é através de sacos de 50 quilos, transportados em cargas de até 300 sacos.

Esses dados, juntamente com os demais, irão compor as informações necessárias para o cálculo do prazo de reposição:

- ✓ **Consumo:** 40 sacos por dia.
- ✓ *Lead time* **(tempo de reposição):** 4 dias para reposição, com saldo em pedido de compra, ou 10 dias para fechar um novo pedido de compra.
- ✓ **Lote útil de entrega:** 300 sacos.
- ✓ **Validade:** a validade normal do cimento é de 90 dias para o consumo, contados a partir da data de fabricação; consideraremos nesse exemplo 45 dias, prevendo o tempo de estocagem que pode ter corrido no distribuidor.
- ✓ **Espaço de estocagem:** até 1.200 sacos.

Tomemos a unidade de dias úteis como base para a nossa unidade de tempo.

A primeira definição a ser tomada será com relação ao estoque mínimo. O que queremos garantir com o estoque mínimo? E se o consumo aumentar, somado a um eventual atraso no tempo de reposição, e com isso fazer com que o prazo estimado não seja suficiente para repor o estoque a tempo de não faltar o material na obra? Não queremos que tais imprevistos causem a falta de material na obra.

O estoque mínimo pode ser calculado através de estatísticas, mas no nosso caso vamos calculá-lo considerando o incremento de uma margem fixa sobre o consumo previsto (GONÇALVES, 2004), que no nosso exemplo consideraremos como sendo de 40%.

O consumo mensal de cimento seria de 880 sacos (40 sacos por dia multiplicados por 22 dias úteis trabalhados por mês). Poderíamos definir então pela compra de lotes com 900 sacos de cimento, porque não haveria problemas em relação à validade do cimento, já que o saco de cimento mais antigo demoraria pouco mais de 30 dias corridos para ser consumido, o que atenderia à nossa premissa de 45 dias para a validade e também porque o espaço de estocagem disponível seria suficiente, considerando também o estoque mínimo.

Voltando à Figura 26, podemos concluir que o prazo de reposição seria composto pela soma do tempo de reposição com o tempo para consumo do estoque mínimo, ou seja, o tempo de reposição acrescido de 40%.

$$PR = 4 \text{ dias} + 0{,}4 \times 4 \text{ dias} = 6 \text{ dias}$$

Em número de sacos de cimento, significaria dizer que uma nova ordem de reposição de estoque deveria ser disparada quando o saldo em estoque chegasse ao número de 240 sacos de cimento (40 sacos x 6 dias).

O espaço necessário para o estoque mínimo seria equivalente a 64 sacos de cimento (0,4 × 4 dias × 40 sacos por dia), que, se não forem consumidos integralmente (não ocorrendo nenhum imprevisto), precisariam dividir o espaço disponível para estoque com o novo lote recebido, ou seja, o espaço de estocagem deveria comportar até 964 sacos de cimento (900 + 64).

Para uma nova tomada de preços intermediária ao processo de consumo do material, o prazo de reposição se alteraria para ficar adequado ao novo tempo de reposição. No exemplo:

$$PR = 10 \text{ dias} + 0{,}4 \times 10 \text{ dias} = 14 \text{ dias}$$

Calculado da mesma maneira: quando o saldo em estoque chegasse ao número de 560 sacos de cimento, deveria ser iniciado um novo processo de cotação e fechamento de novo pedido de compra. O espaço de estocagem necessário seria de até 1.060 sacos, compatível com o espaço disponível.

A atenção aqui é com relação ao final do processo de consumo, já que nesse momento o estoque mínimo deverá ser integralmente consumido. A última solicitação de reposição de estoque deverá desconsiderar o estoque mínimo.

Uma saída para minimizar as sobras de materiais ao final do processo de reposição é fazer com que os ciclos de reposição sejam reduzidos gradativamente. No nosso exemplo significaria reduzir de 900 sacos por solicitação para 600 sacos; em uma etapa mais próxima do final, cair para 300 sacos; e eventualmente até para ciclos com reposições ainda menores, até se extinguir totalmente a demanda pelo material.

Para os demais processos de aquisições, as informações mínimas necessárias para compor o cronograma de suprimentos são:

Serviços:

✓ **Data de início:** dia em que iniciará a primeira atividade do pacote que está sendo contratado.

- ✓ **Prazo de mobilização:** em geral, são os dias necessários e que antecedem o dia de início para que a empresa contratada apresente todos os documentos de seus funcionários e que cumpra com o processo de integração (exames e treinamentos).

Equipamentos:

- ✓ **Data de início:** Dia em que iniciará a primeira atividade com o equipamento a contratar.
- ✓ **Prazo de mobilização:** em geral são os dias necessários e que antecedem o dia de início para que a empresa contratada apresente todos os documentos de seus funcionários e que cumpra com o processo de integração (exames e treinamentos), quando se tratar da contratação de equipamento com operador, e do próprio equipamento, submetido a uma vistoria para aprovação de entrada em operação.

5.1.7. Riscos

Você irá executar algo único, nunca antes executado, dependerá do conhecimento diverso sobre técnicas, promovido por um grupo de pessoas com quem talvez você nunca tenha trabalhado antes, num local certamente novo para você, realizando atividades que gerarão, por maior que seja o seu cuidado, algum nível de desconforto às pessoas nas proximidades (ruídos, poeira, trânsito...), tratará dos interesses conflitantes de pessoas diversas, direta ou indiretamente envolvidas com os objetivos de seu trabalho, terá que administrar conflitos, situações adversas, com condições climáticas diferentes daquelas que esperava que ocorressem, com eventuais ataques internos ou externos promovidos por interesses imorais, tudo isso somente para citar algumas situações em que o ambiente de projetos está inserido (não desista!).

Não, definitivamente não subestime os riscos: eles ocorrerão e será melhor se você estiver preparado para atuar no momento em que eles acontecerem.

Primeira informação importante: risco é uma determinada situação que pode levar a um eventual prejuízo ou ganho. Sim, ganho. Um risco pode causar um efeito negativo ou positivo sobre o projeto.

De acordo com o PMI (2013), são seis os processos que englobam o gerenciamento de riscos:

- ✓ Planejar o gerenciamento dos riscos.
- ✓ Identificar os riscos.
- ✓ Realizar a análise qualitativa dos riscos.

✓ Realizar a análise quantitativa dos riscos.
✓ Planejar as respostas aos riscos.
✓ Controlar os riscos.

Pensando sobre os riscos que podem levar a efeitos negativos, eu costumo dizer que problema bom é problema que eu conheço, e se tiver como evitá-lo ou ao menos minimizar o seu impacto, melhor. Problema ruim é aquele que eu nunca vi e não sei como tratar, que eu nem esperava, mas que aconteceu.

Sobre os riscos que podem levar a efeitos positivos, uma oportunidade somente acontece quando eu a reconheço e sei como aproveitá-la para que leve a um resultado positivo. Não estar preparado, nem mesmo para reconhecê-la, é deixar a oportunidade passar.

Fontes primárias de informações para mapear os riscos: você, as pessoas-chave de sua equipe, gerentes funcionais, históricos de situações anteriores em projetos similares, situações ocorridas com o mesmo cliente, qualquer tipo de informação que lhe permita construir uma lista de possibilidades, sem efetuar nenhum juízo de valor ainda, deixando a lista surgir livre de qualquer análise. Essa será a sua lista de partida para relacionar os riscos a que seu projeto pode estar exposto.

Tudo bem, adiante ao menos uma informação da avaliação, até mesmo para aproveitar o momento de elaboração da lista. Permita colher a opinião sobre a probabilidade de cada risco vir a ocorrer, em uma escala de 0,10 a 0,90. Mais adiante, essas probabilidades serão traçadas sob uma escala de cinco faixas, classificando os riscos da menor (muito baixa) a maior (muito alta) probabilidade de virem a ocorrer.

A quantidade de faixas a determinar não é fixa, mas é ideal que seja ao menos cinco faixas se probabilidade, para criar uma diferenciação e um tratamento maiores.

Você já está em condições de começar a dar corpo à sua tabela de riscos do projeto, complementando e detalhando as informações de seu banco de dados.

Para cada linha com um risco identificado você terá, na tabela de riscos do projeto, colunas com as seguintes informações mínimas:

✓ **ID: código** de identificação do risco. Pode ser uma numeração inteira e sequencial, iniciando por 1, na ausência de uma codificação padronizada da empresa. Ter uma codificação padronizada pode ser útil para transmitir a outros projetos a mesma codificação e, a médio prazo, efetuar uma análise comparativa da evolução daquele risco nos projetos da empresa; com o histórico, a probabilidade variou ou se manteve a mesma? Os planos de resposta ao risco foram eficazes ou tiveram que passar por melhorias? A incidência de um certo risco prevalece na

grande maioria dos projetos, ou seja, o risco é comum (genérico) ou é específico a algum tipo de projeto?
- ✓ **Efeito:** qual o efeito esperado pelo risco, se prejuízo, **ameaça**; se de resultado, **oportunidade**.
- ✓ **Descrição do risco:** sua coleta inicial de informações, normalmente caracterizada por **frases** de afirmações, por exemplo: "ocorrência de greve dos funcionários antes do dissídio coletivo".
- ✓ **Situação: ativo**, caso ainda haja exposição ao risco; **inativo**, caso não tenha ocorrido e o momento que possibilitava que ocorresse já passou; e **monitorado**, quando o risco ocorrer;
- ✓ **Probabilidade:** seu **índice**, de 0,10 a 0,90, de probabilidade de o risco vir a ocorrer.
- ✓ **Impacto:** é representado pelo valor em escala do que está sob **risco**. Deve ser levado sob a ótica dos efeitos causados sobre o projeto, sobre a empresa ou sobre o cliente na execução do projeto (custo, tempo, escopo ou qualidade).
- ✓ **Valor esperado:** valor **calculado**, resultado da multiplicação da probabilidade pelo impacto.

A Figura 27 apresenta como cada risco da tabela de riscos do projeto estará posicionado, de acordo com o cruzamento da probabilidade (P) com o seu impacto (I).

No caso, os impactos dos riscos estão representados em cinco faixas de escala, que vão desde muito baixo (0,05), passando por baixo (0,10), moderado (0,20), alto (0,40), até a última, muito alto (0,80).

Matriz de Probabilidades x Impactos

P x I	0,05	0,10	0,20	0,40	0,80	0,80	0,40	0,20	0,10	0,05
0,90	0,05	0,09	0,18	0,36	0,72	0,72	0,36	0,18	0,09	0,05
0,70	0,04	0,07	0,14	0,28	0,56	0,56	0,28	0,14	0,07	0,04
0,50	0,03	0,05	0,10	0,20	0,40	0,40	0,20	0,10	0,05	0,03
0,30	0,02	0,03	0,06	0,12	0,24	0,24	0,12	0,06	0,03	0,02
0,10	0,01	0,01	0,02	0,04	0,08	0,08	0,04	0,02	0,01	0,01
			Ameaças					Oportunidades		

Figura 27. Matriz de riscos.
Fonte: adaptado de PMI, 2013, p. 331

Exemplo:
- ✓ **Risco ID:** 015.
- ✓ **Efeito:** ameaça.
- ✓ **Descrição do risco:** greve dos funcionários da produção em decorrência da proximidade de negociação do dissídio coletivo para o reajuste dos salários e dos benefícios.
- ✓ **Situação:** ativo.
- ✓ **Probabilidade:** 0,30.
- ✓ **Impacto:** 0,40.
- ✓ **Valor esperado:** 0,12.

O resultado do valor esperado pode ser convertido em valor monetário, para ser confrontado com o valor que tenha sido contingenciado no orçamento do projeto. Em situações melhores você encontrará o trabalho da tabela de riscos elaborado previamente, compondo o orçamento da obra.

O trabalho de sua equipe se concentrará prioritariamente sobre os riscos que estiverem classificados sobre a área da matriz dos maiores valores esperados. Sobre cada um deles, você terá documentado qual deverá ser a sua atuação quando ele ocorrer. Essa poderá ser mais uma coluna na sua tabela de riscos.

No exemplo:
- ✓ **Atuação:** acionar o departamento jurídico do escritório administrativo. Convocar reunião com as lideranças de greve e com o representante do sindicato. Avaliar a pauta de requisições e negociar uma saída para o término da greve.

Uma vez tendo vivenciado um risco no projeto (por uma ou mais vezes), importante que registre os detalhes de sua ocorrência, para que possa refletir esses resultados sobre a sua tabela de riscos do projeto. Procure responder a algumas questões primordiais, como:
- ✓ A probabilidade esperada para ocorrência desse risco se confirmou adequada?
- ✓ O seu valor de impacto esperado condiz com o impacto que ocorreu no projeto?
- ✓ O plano de atuação previsto para o risco foi eficiente, sem que viesse a agravar o seu impacto além daquele esperado?
- ✓ Qual foi o prejuízo monetário total para essa ocorrência de risco?
- ✓ O prejuízo monetário será recuperado de alguma maneira, mesmo que parcialmente?

Talvez você considere ainda contemplar a sua tabela de riscos com mais algumas informações, de acordo com a sua estratégia de atuação sobre os riscos. Alguns eventos têm uma faixa de período de tempo para a sua probabilidade de ocorrência, e o risco de greve é um bom exemplo.

Vamos supor que a janela de tempo para exposição a esse risco seja do início de março até o final de abril. Assim, além da sua tabela de riscos conter essa informação, você poderá associar esse risco a uma tarefa prévia a ser executada, para anular qualquer probabilidade desse risco vir a ocorrer, ou, se ocorrer, que tenha o seu impacto amenizado. No caso do exemplo, seria acionar preventivamente parte das tarefas previstas no plano de atuação para esse risco.

Uma atuação prévia, ou mesmo a transferência total do impacto de um risco para um terceiro (por exemplo, com a contratação de seguro para o risco), dependerá de quanto custará a realização dessa ação prévia ou do prêmio desse seguro (valor pago à seguradora para que esta venha a assumir integralmente os gastos com a ocorrência de um risco) contra o valor monetário esperado para aquele risco. Somente com o cálculo da análise final e as diretrizes da empresa quanto à aversão ao risco para decidir o que fazer sobre cada risco.

5.1.7.1. Método Delphi

Quando for reunir as informações para elaboração da sua tabela de riscos, muito provavelmente você acabará por aplicar intuitivamente uma técnica a que se dá o nome de Método Delphi, que consiste na busca pela solução de um problema através da reunião de especialistas e com eles aplicar rodadas de questões estruturadas sobre o problema até se chegar a uma solução de consenso (DALKEY; HELMER, 1963).

Para que os resultados que obtiver não passem de meros palpites, é importante estruturar previamente os níveis de pergunta que irá realizar. Os entrevistados precisarão ter uma noção clara das escalas adotadas para probabilidade e impacto. Elabore alguns exemplos para que possa ilustrar o quão grave seria um impacto **muito alto** e o quão baixo seria um impacto **muito baixo**. O mesmo é válido para a probabilidade: o quão remota seria uma probabilidade 0,10 e o quão iminente seria uma probabilidade 0,90.

De acordo com Kayo e Securato (1997), a técnica denominada Método Delphi pode apresentar inconsistências em seus resultados, o que leva a diversas críticas sobre o seu uso, como, por exemplo:

- ✓ O resultado obtido pode variar para diferentes grupos de especialistas.
- ✓ Questionamentos sobre se os integrantes do grupo são realmente especialistas.
- ✓ Poder de persuasão, de força no debate, pode levar ao consenso fragilizado.
- ✓ Integrante pode ser incisivo em seu ponto de vista, mesmo sabendo estar errado, somente para não admitir o seu erro perante os demais.
- ✓ Ocorrência do efeito *bandwagon*, quando a maioria convence uma minoria.
- ✓ Especialista com tendência a interesses específicos e pessoais sobre o tema.
- ✓ Especialista ausente, por indisponibilidade de agenda, substituído por uma segunda opção.
- ✓ Ocorrência do efeito *einstellung*, quando aplicamos soluções iguais a situações passadas, sendo que existiriam soluções melhores para o problema.

Quanto mais preparado você estiver para a coleta das informações, mais precisão terá no seu resultado.

5.2. Execução

Chegamos finalmente à parte mais fácil... tudo bem! Tudo bem! Não há tarefa mais fácil ou mais difícil, você já aprendeu essa lição aqui. Vou reforçar apenas o que disse anteriormente: para quem se preparou adequadamente, qualquer tarefa se torna fácil, o que não significa dizer se tratar de uma tarefa simples. Sabemos que uma construção não é uma tarefa simples.

Para reforçar também o que eu disse anteriormente, **não há tarefa mais importante**. Todas as tarefas possuem o seu peso e contribuição, de acordo com cada área de atuação. Uma tarefa somente se torna a mais importante quando ela deixa de ser feita ou é malfeita. Daí, sim, todos sentem o peso de sua importância.

Como executar algo se você não tiver o necessário para realizar a atividade? Para muitos, aqui começaria a mágica de tudo aparecer por trás de uma cortina de fumaça, de um estalar de dedos e pronto, cá está nas minhas mãos exatamente aquele material de que necessito. Bem, acredito que até esse ponto já tenha esclarecido um pouco de como essa **mágica** realmente acontece. Vamos começar.

5.2.1. Compras

Tendo como partida e referência o cronograma de suprimentos, as compras de materiais e as contratações de serviços e de equipamentos iniciam-se pela elaboração das requisições.

Para as compras de materiais são dois tipos de requisições: as requisições de compra e as requisições internas. As requisições de compras são destinadas ao responsável por suprimentos e as requisições internas são destinadas ao responsável pelo almoxarifado da obra.

O responsável emite as requisições de compra antes de liberar as primeiras ordens de serviço (veremos a respeito delas mais adiante), de acordo com o calendário e na antecedência prevista no cronograma de suprimentos.

O responsável por suprimentos recepciona as requisições de compra e elabora, de acordo com as prioridades e os tipos de materiais, os mapas de coleta de preços.

Um mapa de coleta de preços, ou mapa de cotações de preços, ou lista de licitação, deve ser **preenchido por completo** e conter as informações mínimas sobre o que está sendo coletado (informações da requisição de compra) e informações mínimas dos fornecedores que entrarão no mapa:

- ✓ Nome do vendedor ou do representante.
- ✓ Telefone e/ou endereço eletrônico de contato.
- ✓ Data e meio de contato (mensagem eletrônica, telefonema ou presencial).
- ✓ Nome da empresa.
- ✓ Preço cobrado.
- ✓ Frete, se CIF ou FOB, e valor.
- ✓ Condições de pagamento.

Informações mínimas são **informações mínimas**. Importante frisar essa questão porque a falta do preenchimento de uma dessas informações, por qualquer motivo que possa se justificar, invalida a confiabilidade do mapa de coleta de preços.

Não há um número mínimo ou máximo de fornecedores a participar de uma coleta de preços: você poderá diferenciar o esforço pela representação da compra no custo da obra, reservando um mínimo de três fornecedores para materiais da lista C da curva ABC e o mínimo de cinco fornecedores para materiais das listas A e B da curva ABC.

Da mesma maneira, não há um número mínimo ou máximo de fornecedores para os quais solicitar propostas por escrito – e, da mesma maneira, você poderá diferenciar o esforço, exigindo-as para os itens da lista A da curva ABC e procedendo para as demais coletas de preços a simples anotação no mapa dos valores obtidos verbalmente.

Finalizado o mapa de coleta de preços, parte-se para a decisão de quem comprar. Antes, é preciso se certificar de que os preços lançados no mapa estejam equalizados, ou seja, estejam todos na mesma base de comparação ou que haja destaque sobre as eventuais diferenciações:

- ✓ Trazer os preços para a mesma unidade, quando há diferença de embalagens.
- ✓ Destacar diferença do frete, se CIF ou FOB.
- ✓ Se há cobrança de embalagem pelo transporte.
- ✓ Igualar condições de pagamento.

Frete FOB (*Free On Board*), em analogia com o setor da construção civil, significa **compra a retirar**. Equivale a uma compra de balcão, ou seja, os produtos adquiridos estarão disponíveis para serem retirados e transportados até o destino desejado. Sob essa modalidade, a responsabilidade do fornecedor sobre a mercadoria termina no momento em que a carga está entregue ao meio de transporte. Se o meio de transporte for, por exemplo, um caminhão, a responsabilidade termina quando a mercadoria estiver sobre a carroceria do caminhão. Os custos com o transporte, com o seguro sobre o material transportado e com a sua descarga no destino não estão incluídos no preço; portanto, serão por sua conta, o que poderá ser feito através de veículo e pessoal próprios (geralmente assumindo o risco sobre o transporte, por não contratar um seguro para realizá-lo) ou através de uma transportadora, contando ainda com a opção de seguro.

No frete CIF (*Cost, Insurance and Freight*), ou o **posto obra**, como conhecido no setor da construção civil, o custo com o frete está embutido no preço da mercadoria. Além do frete, alguns fornecedores podem oferecer a descarga, ao contrário de outros, em que a descarga ficará por sua conta. Nesse caso, são horas de ajudante que talvez você não tenha previsto e, além desse custo, qualquer eventual quebra de material pelo processo de descarga acabará sendo ônus seu.

Muitas vezes o frete é passado despercebido, escondido, não é levado à atenção. Não menospreze o assunto frete no momento de analisar uma equalização. A situação sobre cada processo de compra demandará pela melhor escolha entre as modalidades de frete a contratar, FOB ou CIF. Em geral, materiais que compõem cargas volumosas, com grandes pesos ou de alto valor agregado, compensará o frete CIF (posto obra). Pequenas cargas de materiais, com pesos pequenos ou baixo valor agregado, compensará o frete FOB (compra a retirar).

Esse é um dos muitos motivos por que o prazo de reposição, levado em consideração no processo de elaboração do cronograma de suprimentos, faz toda a diferença. Um prazo mal dimensionado, um cronograma de suprimentos falho, levará à necessidade de as compras serem realizadas com prazo de entrega **para ontem**. Você, sob essa situação caótica, não poderá se valer da entrega de uma mercadoria pelo fornecedor no seu tempo disponível e acabará até por pagar duas vezes pelo frete – o valor do frete estará embutido no preço e mesmo assim você irá realizar a retirada da mercadoria, porque não poderá esperar por sua entrega.

Outro fator importante a ser levado em consideração é a marca do produto. Os produtos ofertados possuem diferença de preço dependendo da marca, que pode ser de um mesmo fabricante ou de fabricantes diferentes. Não somente por conta da qualidade do produto (algumas marcas podem ter produtos de qualidade inferior e assim oferecer preços menores), mas também pelo fato da marca ser menos conhecida e ao mesmo tempo oferecer um produto de qualidade e com preço mais competitivo.

A pesquisa nesse sentido poderá trazer algumas economias, mas não compre gato por lebre: uma equalização sem indicar as marcas pode levar a surpresas desagradáveis, tendo até mesmo que devolver a compra ao receber a mercadoria (o que é um procedimento possível, dentro do prazo legal vigente de sete dias para desistência), mas isso poderá levar a atrasos na obra.

Uma estratégia para aproveitar oportunidade com o surgimento de novas marcas é acompanhar as evoluções do mercado, através de revistas, portais digitais específicos sobre o assunto, feiras de produtores, estando sempre aberto e atento a novos produtos, marcas e fabricantes.

A base para que realize a comparação dos produtos será sempre as especificações de qualidade que cada marca vir a apresentar, lembrando que as especificações mínimas de qualidade são aquelas exigidas pelas normais legais da Associação Brasileira de Normas Técnicas (ABNT), comprovadamente atendidas através de ensaios de laboratório ofertados pelo fabricante e realizados por órgão independente, no caso o Instituto Nacional de Metrologia, Qualidade e Tecnologia (INMETRO). Para alguns casos e produtos contratados, os testes devem ser realizados por você mesmo.

Em se tratando de um produto específico ou que venha a ser importado diretamente por você (e, assim sendo, não exista uma referência nacional da sua qualidade), verifique a existência de certificado obtido através de órgão competente do país de origem da mercadoria e que haja equivalência com os padrões nacionais. Caso contrário, terá que realizar os testes diretamente, o que talvez torne esse tipo de aquisição inviável.

As especificações de seu contrato normalmente trarão as definições das marcas para certos materiais e, em assim fazendo, restringirão a possibilidade de você buscar alternativas. Essa exigência talvez não faça sentido prático, talvez tenha sido apenas uma maneira que o cliente encontrou de especificar o padrão de qualidade desejado para alguns dos materiais da obra. Você poderá desenvolver no canteiro de obra uma área de *showroom*, um espaço de exposição, onde você poderá expor amostras dos produtos de outras marcas para que o cliente possa avaliar e decidir com você sobre uma eventual alternativa de substituição.

O espaço de exposição é uma boa estratégia também para desenvolver alguns protótipos, principalmente de acabamentos e de cores, para que o cliente avalie e aprove antes de iniciar a compra para aplicação.

As condições de pagamento não seguem um padrão; cada fornecedor oferece um prazo diferente para realizar o pagamento, e esse prazo poderá até mesmo variar de acordo com o tipo de material adquirido, mesmo que venha de um mesmo fornecedor. A nomenclatura para cada situação de pagamento ofertada obedece a um padrão, sendo que as mais comuns estão na Tabela 9.

Tabela 9. Condições de pagamentos

Sigla	Significado	Observação	Exemplo
DDL	Dias da data líquida	O prazo não inclui a data de emissão da nota fiscal.	Nota fiscal emissão dia 01 com DDL 28 dias vencimento será no dia 29.
DDF	Dias da data de faturamento	O prazo inclui a data de emissão da nota fiscal.	Nota fiscal emissão dia 01 com DDF 28 dias vencimento será no dia 28.
DFM	Dias fora o mês	Passa a contar a partir do mês seguinte ao da emissão da nota fiscal.	Nota fiscal emissão dia 18 com DFM 10 dias, vencimento será no dia 10 do mês seguinte.
DFQ	Dias fora a quinzena	Passa a contar a partir da quinzena seguinte à da emissão da nota fiscal.	Nota fiscal emissão dia 3 com DFQ 12 dias, vencimento será no dia 27.
DFS	Dias fora a semana	Passa a contar a partir da semana seguinte à da emissão da nota fiscal.	Nota fiscal emissão dia 6 segunda-feira com DFS 15 dias, vencimento será no dia 27.

Fonte: autor.

Em alguns processos de compra pode haver ainda a possibilidade do pagamento ocorrer em mais de uma parcela.

Para equalização de uma proposta onde os fornecedores ofereceram condições de pagamento distintas, traga os preços ao valor presente, ou seja, qual deveria ser o valor se o pagamento ocorresse à vista.

Primeiro, estabeleça uma referência para a taxa de juros. A análise ficará mais interessante se você utilizar juros reais, uma referência à SELIC ou a alguma aplicação financeira. Pense na possibilidade de pedir um bom desconto para um pagamento à vista (leve em consideração que a sua empresa precisará de alguns dias para o processamento do pagamento; ou seja, leia-se **no menor prazo possível** quando digo pagamento **à vista**).

Vamos ao exemplo. Na Tabela 10, os dados finais das propostas de três fornecedores com condições de pagamento diferentes, para um mesmo valor de proposta final de $ 10.000,00.

Tabela 10. Exemplo de prazo de pagamento

Fornecedor	Condição de pagamento
A	20 DFQ
B	20 DFM
C	20 DDL

Fonte: autor.

O primeiro cálculo a se fazer é transformar a taxa para uma referência diária.

Taxa equivalente:

$$i = \left[\left(1+\frac{i_x}{100}\right)^{\frac{1}{x}} - 1\right] \times 100$$

Onde:

- ✓ i é a taxa diária a ser obtida;
- ✓ i_x é a taxa dada, no seu respectivo período;
- ✓ x é a quantidade de dias que representam o período da taxa dada.

Em seguida, vamos à fórmula para cálculo do valor presente líquido ou, no caso, valor da proposta à vista.

Valor Presente Líquido (VPL):

$$VPL = \frac{VF}{(1+i)^n}$$

Onde:

✓ **VF** é o valor futuro, o preço ofertado da proposta.
✓ **n** é o período, que nesse caso fixamos em dias.
✓ **i** é o custo do capital, no caso a taxa diária de referência.

Aplicados os cálculos, considerando 1,5% de taxa mensal, que seria equivalente à taxa 0,0496% diária, os resultados obtidos para cada fornecedor estão na Tabela 11, para uma compra com data de realização no dia 02 de junho.

Tabela 11. Exemplo de prazo de pagamento calculado

Fornecedor	Condição de pagamento	Prazo real de pagamento	Valor da proposta à vista
A	20 DFQ	33 dias	$ 9.837,56
B	20 DFM	48 dias	$ 9.764,60
C	20 DDL	20 dias	$ 9.901,23

Fonte: autor.

Ou seja, equalizadas as condições de pagamento, a proposta vencedora pelo menor preço seria a do fornecedor B, que estaria 1,4% menor em relação à proposta de maior valor equivalente do fornecedor C.

Como partimos da premissa de propostas com valores finais iguais, seria suficiente identificar o prazo real de pagamento de cada fornecedor para concluir que aquele com maior prazo real é que estaria ofertando o menor preço. Agora, para o caso de valores finais distintos e condições de pagamento distintas, não haveria como dispensar o cálculo do VPL para concluir sobre a melhor opção de menor preço.

Ter essas informações possibilita simular e realizar negociações de desconto com os fornecedores. Interessante seria saber, dos fornecedores, qual seria o preço para pagamento efetuado à vista.

Talvez não seja uma prática de sua empresa ter prazos de vencimentos muito curtos. Muitas empresas, até mesmo por considerações de organização dos processos de pagamento, convencionam duas ou três datas fixas e únicas dentro do mês para realizar pagamentos.

Mas, sob essa hipótese, não se esqueça do faturamento direto: se não houver impedimento contratual nesse sentido, fazer essas compras com o menor prazo possível para pagamento poderão lhe trazer uma boa economia.

A busca pelo menor preço final é o principal fator a ser considerado para análise de decisão sobre a proposta vencedora. Algumas empresas simplificam os seus processos e a consideram como o único fator de decisão sobre uma proposta de compra – entretanto, vimos aqui que outras influências sobre o preço final podem levar a uma escolha ruim. O mapa de coleta de preços equalizado, trazendo todas as propostas para a mesma base de comparação, exime qualquer possibilidade de erro na decisão pelo fornecedor vencedor.

A decisão pela compra pode ser classificada em dois tipos:

- ✓ **Menor preço:** seria a situação ideal, porém nem sempre é possível. A compra ocorre no menor preço possível ofertado entre os fornecedores do mapa de coleta de preços, em todos os materiais cotados.
- ✓ **Melhor compra:** a melhor compra será a condição analisada que trará a melhor condição possível. Talvez seja necessário comprar toda uma lista de materiais com o mesmo fornecedor, mesmo que alguns dos itens estejam com preços maiores que os dos demais fornecedores do mapa de coleta de preços, pois não compensaria desmembrar frete e prazo de entrega em dois.

A mesma necessidade de comprar com um único fornecedor pode acontecer quando este é o único a oferecer todos os materiais da cotação, ficando assim alguns dos materiais sem uma referência de preço para comparação.

A melhor compra nos leva sempre para o campo das justificativas. Seja **bastante criterioso** com relação à aceitação de justificativas.

Se a sua empresa determina um número mínimo de fornecedores no mapa de coleta de preços e a justificativa dada, por exemplo, for **não ter encontrado fornecedores suficientes**, ficando o mapa de coleta com duas cotações em vez das cinco exigidas, faça uma análise criteriosa antes de acatar essa justificativa como plausível.

Outro exemplo de justificativa a ser analisada criteriosamente é quando um dos fornecedores é declarado como desistente de ofertar preço. Procure se certificar do motivo que teria levado ao fornecedor tomar essa decisão, para que esse motivo fique inclusive registrado no mapa de coleta de preços.

Decidido o fornecedor em que a compra será realizada, deve ser emitido o pedido de compra. Esse pedido tem a validade de contrato e a garantia de que as condições ora ofertadas sejam mantidas durante o período de fornecimento do material. Sim, em vias gerais, boa parte dos materiais da curva A e B são adquiridos na sua totalidade, em uma única vez e com fornecedor único, a entrega do material fica condicionada à programação, tarefa do almoxarifado, realizada em parcelas de tamanho adequado às condições de consumo, de espaço de estocagem e de carga mínima viável, como já vimos em maior detalhe anteriormente.

5.2.1.1. Curva ABC

A curva ABC de custo é uma lista contendo itens ordenados pelo valor total, onde os valores maiores estão no topo da lista (A) e os valores menores estão ao final da lista (C). Pela prática, 80% do custo seria representado por algo em torno de 20% dos itens, o que diminuiria o esforço de controle, se olharmos com maior detalhe para os itens de maior relevância.

Outra maneira de estabelecer os níveis da lista ABC seria através do processo gráfico desenvolvido pelo eng. Wilson N. Rodrigues (LIMMER, 1996), que consiste nas seguintes etapas:

- ✓ Traçar dois eixos, um na vertical fracionado de 10 em 10, de 0 até 100, e outro na horizontal, de 0 até n, sendo n o número total de itens da lista.
- ✓ Traçar a curva formada através da porcentagem acumulada em cada item da lista.
- ✓ Traçar uma reta de união entre os pontos extremos da curva (início e fim).
- ✓ Traçar uma tangente à curva que seja paralela à reta de união, cruzando o eixo vertical, e com o eixo horizontal formado na extremidade superior da curva.
- ✓ Traçar as bissetrizes dos ângulos formados entre as interseções dessas retas.
- ✓ Os cruzamentos das bissetrizes com a curva dividem a área da curva nas seções A, B e C (A próximo ao eixo zero, B ao centro e C na extremidade oposta).

Partindo de uma listagem de insumos totalizada e ordenada em valores decrescentes, o gráfico a ser montado ficaria como a Figura 28.

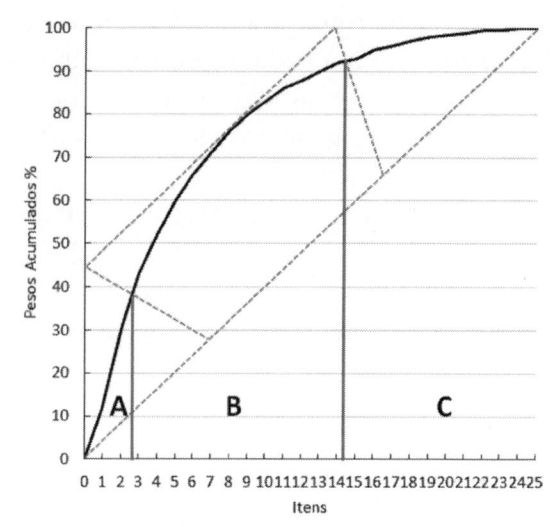

Figura 28. Curva ABC.
Fonte: adaptado de LIMMER, 1996, p. 125

Para os resultados lidos do gráfico, em uma listagem de 25 itens do exemplo utilizado, os itens de 1 até 3 estariam na curva A, os itens de 4 até 14, na curva B e os itens restantes, de 15 até 25, estariam na curva C. Ao olhar com maior atenção para apenas três itens (que representariam 12% do total de itens), estaríamos cobrindo quase 40% do total de custo representado pelos 25 itens dessa lista ABC.

Você poderá montar uma curva ABC para cada tipo de recurso (materiais, serviços, equipamentos, mão de obra) e uma curva ABC contendo a lista de todos os recursos necessários para o projeto.

5.2.2. Contratações

As contratações de serviços ou de equipamentos são bastante similares ao processo de compra de materiais, com destaque para algumas especificidades.

Para a contratação de equipamentos, complementam-se as informações mínimas dos fornecedores que entrarão no mapa com a definição das responsabilidades sobre:

- ✓ Abastecimentos e lubrificações.
- ✓ Manutenções periódicas preventivas.
- ✓ Substituição de peças de desgaste natural (pneus, peças de corte, correias, etc.).
- ✓ Mobilização e desmobilização.

- ✓ Seguro e segurança, compreendendo seguro como a garantia no caso de o equipamento for envolvido em algum acidente e segurança sendo a responsabilidade sobre a guarda patrimonial do equipamento sobre os riscos de furto ou de roubo.
- ✓ Pagamento de horas mínimas no período.
- ✓ Reposição por outro equipamento em caso de falha e tempo limite de indisponibilidade.
- ✓ Regras sobre a necessidade de ressarcimento dos custos pelo equipamento que eventualmente venha a ser furtado, roubado ou extraviado.

Considere obter dos fornecedores detalhes sobre modelo e ano de fabricação do equipamento – para alguns tipos de equipamentos essas características influenciam na sua produtividade – e considere a possibilidade de que equipamentos mais antigos (e consequentemente com maior tempo de uso) tendem a apresentar mais problemas.

Já vivenciei inúmeras situações onde, ao não saber certo o tempo total necessário de aplicação do equipamento, é feita a locação por períodos curtos, renovada sistematicamente. Desse modo, contrata-se a locação, por exemplo, para três meses, em uma revisão de contrato originalmente efetuado para ser de apenas uma semana. Os preços mudam, e solicitar um equipamento para uma semana apenas costuma ter um preço maior do que se contratado para uma previsão maior de permanência de uso na obra.

A contratação de serviços, da mesma forma que a contratação de equipamentos, possui alguns pontos a complementar. De antemão, certifique-se de que todos os participantes da coleta de preços tenham recebido as informações completas sobre o que está sendo contratado. No restante, tenha a definição sobre algumas responsabilidades:

- ✓ **Refeição dos funcionários:** se o fornecedor vir a utilizar o refeitório da obra, informar qual o valor atual da refeição para que preveja em seu orçamento que terá que arcar com o pagamento dessas despesas.
- ✓ **Alojamento:** se for de responsabilidade do fornecedor arcar com os custos de alojamento, indicar que estes serão objeto de vistoria periódica para constatação de atendimento das normas vigentes de segurança do trabalho e demais normas locais existentes.
- ✓ **Transporte até o local da obra:** para a opção de uso do transporte comum que eventualmente já tenha sido instalado na obra, informar trajetos, opções de horários e principalmente o custo por funcionário que o fornecedor deverá prever em seu orçamento.

✓ **Apresentação de toda a documentação dos funcionários e realização de exames específicos ao local da obra:** abuse do uso da retórica, mesmo que esteja claro para o fornecedor as suas responsabilidades. Informe o que será cobrado do fornecedor para entrada de seus funcionários na obra.

Caso os serviços a serem executados não envolvam unicamente mão de obra, o fornecedor deve apresentar o valor total e o percentual previsto para cada um dos tipos de recursos a serem contratados – se a contratação envolver, por exemplo, o fornecimento de material e de mão de obra, qual o percentual do total de material e de mão de obra. Ao comparar esses percentuais com os apresentados por outros fornecedores e de suas próprias contas, os valores não devem resultar em variações muito significativas. Caso isso venha a ocorrer e a diferença apresentada esteja exatamente com o fornecedor que apresentou a proposta com o menor preço, procure esclarecer a razão dessa diferença; muito provavelmente ela não se sustentará após uma revisão.

Acatar variações não justificadas em percentuais de mão de obra sobre o preço total de um conjunto de atividades poderá caracterizar sonegação de impostos e problemas para você.

Lembre-se: quando você contrata um serviço de um fornecedor, a sua posição de contratante é a de quem estaria terceirizando um serviço, ou seja, transferindo para outro aquilo que estaria sob a sua responsabilidade fazê-lo. Desse modo, parte de sua estrutura fixa, ora dimensionada para atender integralmente à execução do projeto, permanecerá com você. Em outras palavras, por exemplo, se você tiver montado um almoxarifado para atender à obra e o seu fornecedor montar um outro almoxarifado somente para o contrato dele, você estará bancando esse custo em duplicidade.

A contratação de serviços também é vitimada pelo fenômeno da ampliação de escopo na contratação. O fornecedor necessita conhecer todo o seu escopo de contratação para que dimensione adequadamente a sua equipe. O valor da sua proposta pode encarecer caso ele seja chamado para apresentar inicialmente o preço apenas de uma parte dos serviços.

5.2.1.2. O contrato com o subempreiteiro

Assim como o processo de compras termina com a formalização do pedido de compra, a contratação de equipamentos e a de serviços se encerra com a assinatura de um contrato.

Uma boa contratação sempre é aquela na qual você nunca precisará recorrer ao contrato para ter os seus interesses preservados, mas isso não quer dizer que o contrato seja dispensável, ao contrário: é uma **peça de fundamental importância** para você, por mais que nunca venha a utilizá-la. E, por que não dizer, é de igual importância também para o seu contratado.

As empresas costumam seguir alguns padrões de minutas contratuais, realizando pequenos ajustes a cada contratação e revisões estruturais gerais sobre cada minuta, no surgimento de novidades que necessitem constar em contrato.

Alguns fornecedores são irredutíveis em seguir outros padrões em substituição aos seus próprios modelos de contrato. Não há erro nisso, é apenas uma questão de perspectiva. Revise a minuta de seu fornecedor e certamente chegarão a um consenso.

Mostrar a minuta contratual logo na apresentação dos documentos para solicitação de proposta é uma estratégia para levar o seu fornecedor a entender o padrão da empresa que pretende contratá-lo, sendo antecipada qualquer discussão sobre a minuta contratual. E quem sabe você até se surpreenda com a recusa de algum fornecedor em entregar uma proposta para você, exatamente pelo perfil de contratação que você está buscando.

5.2.3. Almoxarifado da obra

O almoxarifado, o centro estratégico da obra, um dos seus mais importantes elementos, senão o mais importante. No almoxarifado, além de armazenagem dos materiais em aplicação, estarão armazenados também os equipamentos de proteção individual (EPI) – máscaras, botinas, uniformes, etc. – e a guarda das ferramentas e dos equipamentos leves.

O ambiente interno deve ser de **acesso restrito** apenas àqueles que trabalham no almoxarifado. Os itens de maior valor, que não possam ser submetidos às intempéries do tempo, devem estar armazenados nesse ambiente interno, em prateleiras, contando com fácil localização e circulação e com espaços para manuseio de pequenas cargas.

Os materiais que forem acondicionados em locais diferentes ao do ambiente principal do almoxarifado devem manter algum tipo de segregação física, separados por um gradil com portão, com uma área coberta ou não, dependendo do material ali armazenado, por lonas impermeáveis.

Materiais perigosos, combustíveis e explosivos possuem leis de armazenamento e de estocagem que deverão ser observadas.

O almoxarifado recepciona e atende às requisições internas de materiais. Caso algum material solicitado não conste em estoque e não exista pedido de compra com saldo em aberto suficiente para atender à requisição interna, essa informação deve ser passada para o solicitante, e este é quem avalia e, se for o caso, providencia a requisição de compra. **O almoxarifado não faz compras** de nenhuma espécie.

Conforme programação, o almoxarifado faz as solicitações de entrega de materiais aos fornecedores, contando com os saldos nos pedidos de compra.

5.2.4. Ordem de serviço (OS)

Eu vou tratar aqui estritamente de um modelo, de uma opção, e vou procurar frisar seus benefícios.

A estruturação, até aqui, se deu toda com base em uma codificação única do projeto. Recapitulando, da EAP em seu último nível temos o trabalho a ser realizado, o que deve ser entregue ao final da atividade, ao final dessa etapa. Dentro desse nível, há a relação de todos os recursos necessários, incluso o tempo. São relacionadas as dependências, o que é necessário receber pronto e para quem deve ser entregue pronto.

Vamos nos apropriar do último nível da EAP e denominá-lo como Ordem de Serviço (OS). Fica simples assim, com o mesmo código, uma pequena ficha emitida com os dizeres do que deve ser efetuado, o tempo, os recursos, todas as informações que necessitam ser passadas para o responsável pela produção.

A abertura da OS autoriza a retirada de recursos (materiais, equipamentos e ferramentas) do almoxarifado. A retirada **somente** daqueles recursos previstos na OS, não diferentes, e não em quantidades superiores às ali especificadas.

Essa mesma chave da OS serve para o apontamento das atividades das equipes. Autoriza a mão de obra estar sublocada naquela atividade e tem assim a sua apropriação efetuada, e de maneira similar se faz para os equipamentos pesados.

Quem deve relatar os avanços da atividade no dia? A própria equipe responsável por aquela atividade. Diariamente. E as informações contidas na OS devem trazer o método que deve ser considerado para registrar esse avanço (veremos isso mais adiante).

Temos, desse modo, os recursos necessários autorizados pelo responsável uma única vez, todos amarrados através da OS, confrontados e apontados automaticamente através das retiradas no almoxarifado e através dos apontamentos das equipes e do uso dos equipamentos.

O esquema da Figura 29 procura ilustrar esse modelo.

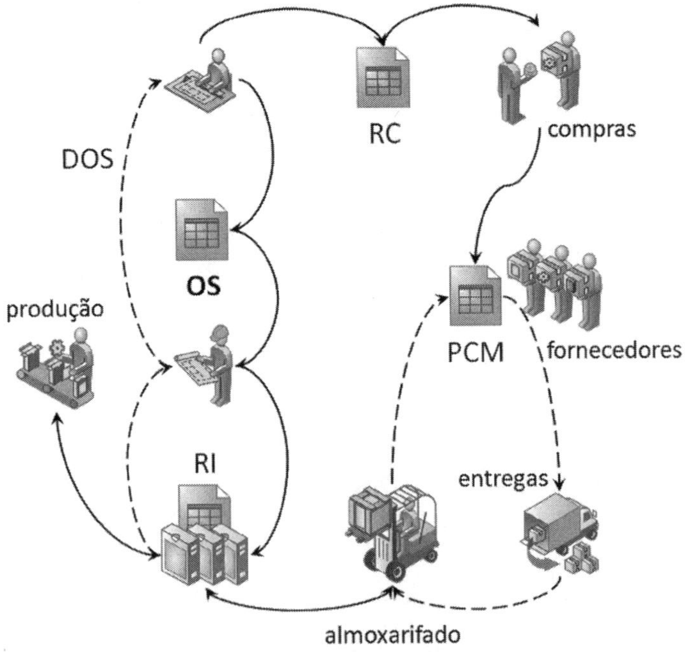

Figura 29. Ordem de serviço.
Fonte: autor

Recapitulando, nos fluxos da imagem na Figura 29: emissão da Requisição de Compra (RC), para realização das compras de acordo com o cronograma de suprimento. Emissão de Pedido de Compra de Materiais (PCM) para os fornecedores, autorizando a entrega das mercadorias ao almoxarifado, sob a sua demanda. Emissão da Ordem de Serviço (OS) com a relação de atividades e os recursos necessários para sua execução, que autorizam a emissão da Requisição Interna (RI) para o almoxarifado poder fornecer os materiais necessários.

O caminho de retorno do almoxarifado nesse fluxo determina o processo não esperado, a falta no almoxarifado do material requisitado e o retorno dessa informação para tomada de decisão, se será emitida uma RC ou não, se será revisado o processo ou até mesmo se a OS será alterada ou cancelada.

Todo o trabalho anteriormente efetuado e que permitiu a geração do cronograma de suprimentos, com uma boa previsão de recursos para cada atividade, é a peça-chave para que o modelo de OS funcione sem nenhum tipo de problema, ou com um nível muito baixo de problemas, restritos a reais imprevistos e eventualidades.

5.2.4.1. Desvio de Ordem de Serviço (DOS)

A situação idealizada é o que se deseja que aconteça; todavia, nem sempre será a realidade. Logo de partida, ao receber uma OS, o responsável pela produção poderá identificar a falta de um material específico entre aqueles que foram relacionados como sendo necessários para executar a atividade.

Nesse momento, ou a qualquer momento em que se identificar um desvio, uma diferença entre aquilo que estava previsto e o que está sendo realmente necessário para concluir aquela tarefa, o responsável pela produção registra um Desvio de Ordem de Serviço (DOS), fazendo assim uma nova versão complementada da OS original.

O registro do DOS deve acontecer de maneira a não prejudicar o andamento da atividade conforme a sua programação, mas nem sempre isso será possível – por falta, como exemplo, da disponibilidade em tempo do material complementar que ainda terá que ser adquirido e entregue na obra. Ou, também, porque o DOS é de tamanha magnitude que necessitará de maiores estudos e de uma autorização complementar, diante do impacto que poderá causar nos custos.

Cada empresa emprega um rito de autonomias e de alçadas de aprovação. O ajuste nas liberações dos DOSs fica a cargo do perfil de cada empresa, umas mais flexíveis, outras menos tolerantes aos desvios.

De qualquer modo, mais importante que o meio de se discutir o desvio é ter conhecimento da sua existência e o que fazer para contorná-lo antes de iniciar a atividade ou no máximo antes de terminá-la.

5.2.5. Atividade extra e atividade adicional

Não há serviço a ser executado sem que uma OS correspondente seja emitida. Isso mantém todos os recursos empregados unicamente sobre o que está programado.

Pode, sim, surgir a necessidade de um serviço extra, um serviço totalmente novo que deve ser orçado, aprovado, incluído na EAP e programado, com os recursos disponibilizados e sendo liberado para execução através de uma OS.

Outra modalidade que pode ser considerada como ocorrência é a de um serviço adicional. Um serviço adicional é uma atividade a ser executada necessária para a execução ou a conclusão da atividade principal da OS, em condição não prevista naquela OS.

A Tabela 12 detalha as diferenças entre uma atividade extra e uma atividade adicional.

Tabela 12. Desvios de OS

Atividade extra	Atividade adicional
Não possui uma OS prévia que a autorize.	Complemento de atividade, necessária para execução ou para a conclusão de uma OS existente.
Aprovada, entra na EAP e assim possibilita a emissão da OS para sua execução.	Registrada através de um DOS, complementa uma composição e altera custo da atividade e do projeto.
Objeto de preço extra. Incorpora-se ao contrato e ao preço de venda.	Eventual objeto de pleito, que, dependendo do contrato, poderá ou não ser objeto de uma cobrança a ser apresentada para aprovação do cliente.

Fonte: autor.

Sobre as atividades que tiverem sido terceirizadas não haverá a emissão de OS. Para todos os efeitos, o contrato assinado com o fornecedor assume esse papel. Todavia, o monitoramento dos desvios se dá através de outro processo, que veremos mais adiante.

A terceirização não tira a importância de acompanhar e identificar os desvios, pelo contrário: caso algum desvio seja anotado pelo fornecedor e não comunicado a você em momento oportuno, muito provável que você seja cobrado pelo fornecedor, sem que tenha a mesma chance com o seu cliente.

O preço extra pode se tornar uma armadilha. Imagine a seguinte situação: o seu contrato possui o valor total de $ 100.000,00 e sobre ele você espera que haja um resultado final de $ 8.000,00. Ao longo da execução do projeto você depara com diversas **oportunidades** de aumentar o seu faturamento e o seu resultado, o que acaba se realizando. Ao final do contrato você obtete como valores finais $ 125.000,00 de faturamento e $ 9.000,00 de resultado e considera que os preços extras foram um excelente negócio. Foram mesmo?

Um detalhe: os preços extras levaram a sua obra a um aditivo de prazo, uma prorrogação de três meses além do prazo originalmente contratado.

O resumo dos números na Tabela 13 pode auxiliar na sua análise sobre o real resultado desse negócio.

Tabela 13. Armadilha do preço extra

Valores	Original	Final	Extras	Variação
Faturamento	100.000	125.000	25.000	25,0%
Resultado	8.000	9.000	1.000	12,5%
Resultado sobre o faturamento	8,0%	7,2%	4,0%	

Fonte: autor.

Em valores absolutos o faturamento aumentou em $ 25.000 e o resultado também aumentou, em $ 1.000,00. Olhando sob essa única ótica, a impressão pode até ser de que os extras foram um bom negócio, mas, quando analisamos os valores relativos, quando comparamos o resultado do faturamento obtido com o esperado, fica claro que houve perda de margem – um negócio antes lucrativo em 8,0% teve a lucratividade reduzida para 7,2%. Isso ainda sem considerar a prorrogação do prazo final do contrato. Os recursos do projeto já poderiam estar livres para serem empregados em outro projeto, com resultado maior que os 4,0% obtidos através desses extras.

5.2.6. Controle sobre os desenhos

Os desenhos, plantas, pranchas, ou, na sua terminologia contextual, o projeto executivo, podem passar por revisões.

Manter um processo simples de registro e de comunicação interna certamente facilitará muito o controle e a distribuição das versões sobre cada desenho. Dependendo do nível de alterações, poderá haver necessidade de adequações no custo (EAP e composição), alterações no sequenciamento das atividades, poderá justificar pleitos de atividades adicionais ou aprovação de preços para atividades extras, com eventuais impactos no prazo de conclusão da obra ou de uma etapa da obra.

O projeto executivo poderá ser de responsabilidade do contratante ou de sua contratada, e em ambos os casos poderá ser desenvolvido por um terceiro. O processo de registro e de comunicação interna adotado deve levar em consideração a localização física dos envolvidos, o controle do tempo para elaboração e aprovação de todas as versões e a maneira de registrá-las formalmente.

Existem sistemas para controle e aprovação de versões eletronicamente, com entradas de registro de listas de distribuição para versões impressas, onde constará anotado todos os que receberam uma versão daquele desenho e que, em uma eventual revisão, necessitarão receber uma versão atualizada.

A versão obsoleta de um desenho impresso deve ser recolhida no momento da entrega de sua nova versão. Caso, eventualmente, o responsável por manter a versão do desenho não possua mais essa cópia para entregar, tal fato deve ficar registrado.

5.2.7. Medições dos serviços contratados e realizados

Os materiais adquiridos e entregues na obra são faturados de acordo com os preços acordados no pedido de compra e nas quantidades que foram entregues. A conferência é imediata à entrega e o vencimento da fatura ocorre de acordo com o que ficou acordado e registrado.

Nos serviços prestados por terceiros, os pagamentos ocorrem conforme término da execução das atividades contratadas para serviços com prestação rápida (em geral, menores que trinta dias) e em períodos, normalmente de trinta dias, com pagamentos parciais equivalentes aos serviços executados até o momento.

É realizada a medição dos serviços ao término do período convencionado em contrato, sendo mais comumente utilizado o período de trinta dias. Apura-se quanto dos serviços contratados foram executados e nas quantidades observadas e no preço unitário contratado. Então, autoriza-se que o fornecedor emita a cobrança desses serviços através de fatura.

Em uma periodicidade mínima semanal, a apropriação dos serviços executados por terceiros que resultam na medição dos serviços traz quanto de avanço cada atividade prevista a ser executada de fato foi executada. Esse acompanhamento permite antecipar e preparar o relatório de medição de serviços, além de evitar que passe despercebido qualquer tipo de desvio nas atividades executadas, o que inviabilizaria a cobrança de um pleito ou de um preço extra. Deve-se agir ao sinal de qualquer atraso nas atividades terceirizadas que comprometeriam o prazo da obra.

5.3. Monitoramento e controle

Não faça relatórios para atender aos interesses de terceiros, do seu chefe, da matriz, do cliente, de quem quer que seja. Não, não que esses interesses não sejam importantes (pelo contrário, são importantes), mas eles não podem se sobrepor aos **seus interesses**. Você deve ser a pessoa mais interessada em saber como as coisas estão andando, se estão de acordo com o que previu, quais as variações e que medidas estão sendo tomadas para corrigir eventuais desvios.

O que informar, para quem informar e quando informar? Se não ficar bem definido, aparecerá de tudo. Informação que será cobrada e que não será utilizada. Informação que será produzida e que não será aproveitada, por exemplo, porque não teria sido entendida. Informação que não será produzida por não terem pedido. Informação atrasada e desatualizada. Solicitante insatisfeito, pedindo sempre por **algo mais** nas informações.

Talvez nem toda informação que colher através de seu acompanhamento das atividades gerará relatórios, mas certamente os relatórios demandarão informações que, se não forem monitoradas e controladas dentro de uma periodicidade e de um padrão previamente definidos, não permitirão que os relatórios sejam produzidos. O momento para decidir o que e como monitorar e controlar é agora.

5.3.1. O livro de ordem e a comunicação no projeto

O livro de ordem é conhecido também por diário de obra, por caderneta de campo ou livro de ocorrências. A nomenclatura foi oficialmente definida recentemente, através da Resolução nº 1.024, de 21 de agosto de 2009, do CONFEA, que dispôs sobre a obrigatoriedade de adoção do **livro de ordem** nas obras. Essa Resolução, através de seu artigo 12º, decide ainda que o uso do livro de ordem deve ter sido implantado através dos CREAs em todo o território nacional até 1º de janeiro de 2011.

De lá para cá alguns dos CREAs emitiram seus modelos de livro de ordem. Não há obrigatoriedade para adoção exata do modelo de um ou de outro CREA, e a empresa pode ter o seu próprio modelo desenvolvido, desde que contemple os requisitos mínimos estabelecidos através da Resolução do CONFEA:

> Art.4º O livro de ordem deverá conter o registro, a cargo do responsável técnico, de todas as ocorrências relevantes do empreendimento.
>
> § 1º Serão, obrigatoriamente, registrados no livro de ordem:
>
> I – dados do empreendimento, de seu proprietário, do responsável técnico e da respectiva Anotação de Responsabilidade Técnica;
>
> II – as datas de início e de previsão da conclusão da obra ou serviço;
>
> III – as datas de início e de conclusão de cada etapa programada;
>
> IV – a posição física do empreendimento no dia de cada visita técnica;
>
> V – orientação de execução, mediante a determinação de providências relevantes para o cumprimento dos projetos e especificações;
>
> VI – nomes de empreiteiras ou subempreiteiras, caracterizando as atividades e seus encargos, com as datas de início e conclusão, e números das ARTs respectivas;
>
> VII – acidentes e danos materiais ocorridos durante os trabalhos;

VIII – os períodos de interrupção dos trabalhos e seus motivos, quer de caráter financeiro ou meteorológico, quer por falhas em serviços de terceiros não sujeitas à ingerência do responsável técnico;

IX – as receitas prescritas para cada tipo de cultura nos serviços de Agronomia; e

X – outros fatos e observações que, a juízo ou conveniência do responsável técnico pelo empreendimento, devam ser registrados (CONFEA, 2009).

Um modelo de livro de ordem pode ser baixado na internet no site do CREA de seu estado ou de algum outro, caso o CREA do seu estado não tenha proposto um modelo.

Mais importante do que **apenas** cumprir com o que determina uma resolução é reconhecer a importância do uso desse documento.

O livro de ordem não é apenas um livro seu, elaborado para fiscalizações do CREA. Apresente-o para o seu cliente, faça com que ele participe da sua elaboração, que tenha ciência de todas as informações ali registradas e permita que ele também efetue registros do que entender relevante registrar, se assim desejar.

O projeto poderá apresentar outros elementos de comunicação oficiais. O que não deve é haver redundância – por exemplo, você e o seu cliente terem, cada um, o seu respectivo livro de ordem. As maneiras de se comunicar e com quem se comunicar oficialmente, estendendo para demais interessados sobre o projeto, devem ser mapeadas por você desde o início do projeto.

Defina as pessoas de sua equipe autorizadas e se comunicar dentro do projeto. Quem escreve para quem do cliente, quem fala a respeito de cada assunto. Essas definições auxiliarão a dar velocidade às atividades do projeto, sem fazer com que cada palavra que seja escrita dependa de você.

A preocupação com relação às comunicações também é válida para os seus subcontratados. Eles precisam entender como se relacionar com você, a sua linguagem, quais informações periódicas deverão fornecer e a quem. Não caberia ao seu subcontratado ter uma relação de comunicação direta com o seu cliente, salvo se assim você previamente permitir, sob o seu interesse e sem riscos para a sua empresa e para o projeto.

Todos saberem com quem se comunicar e os meios formais que utilizam para se comunicar contribui para dar segurança às informações e estruturará posteriormente o seu armazenamento e a rastreabilidade.

Pouco difundido, mas muito prático e objetivo, é utilizar a tabela RACI para formalizar como se darão as comunicações no projeto.

A tabela RACI, ou matriz RACI, é utilizada para documentar as responsabilidades por atividades, processos, documentos, temas, setores, ou seja, o que for de interesse documentar em seu projeto.

O seu nome é originado da seguinte forma:

- ✓ **R (*Responsible*)**: responsável. A pessoa que deve executar a atividade, gerar a informação, origem ou remetente.
- ✓ **A (*Accountable*)**: aprovador. Interessado pela tarefa, destinatário da informação.
- ✓ **C (*Consult*)**: consultado. Quem participa da tarefa e interage com o aprovador sobre a informação.
- ✓ **I (*Informed*)**: Informado. Possui algum interesse sobre a tarefa e recebe uma cópia da informação.

Na Figura 30, um exemplo de como seria uma tabela RACI.

RACI do Projeto	Coordenador Nome	Gerente Nome	Diretor Nome	Cliente Nome	Cliente Nome
Relatório A	R	C	A	I	---
Tarefa 1	---	R	C	A	I
Tarefa 2	R	A	---	---	---
Relatório B	R	C	C	A	I
Relatório C	R	A	C / I	---	---
Desenho 1	R	A	---	---	I
Desenho 2	R	A	---	---	---

Figura 30. Tabela RACI.
Fonte: autor

Você pode incluir mais letras e significados na matriz, como também destacar e diferenciar os papéis principais com o uso de cores. Não há limite para linhas e colunas, a única regra é ter um único R e um único A identificados por linha.

5.3.2. Avanço das atividades

A equipe responsável pela execução de uma atividade também é responsável por relatar os avanços obtidos na execução daquela atividade. A OS deve descrever o método que deve ser considerado para registrar esse avanço.

Deixar a medição do avanço na execução da atividade a cargo de quem executa a atividade pode levar a erros de interpretação. Os critérios para realizar uma medição precisam ser conhecidos e compreendidos por todos.

Além da fácil compreensão, os critérios devem ser de simples execução, com uma razoável confiabilidade. Pela curva ABC das atividades ou através das atividades que estão no caminho crítico, pode-se, estrategicamente, estabelecer de maneira justificada o grau de precisão na medição do avanço.

Indiscutivelmente, o ideal é ter a quantidade exata dos serviços executados até aquele momento da medição, mas como esse nível de precisão em muitos casos não tem a sua viabilidade justificada, outros critérios mais subjetivos podem ser aplicados. Por exemplo:

- ✓ **Regra 50/50:** atividade iniciada recebe 50% e somente é complementada com os outros 50% quando é concluída.
- ✓ **Regra 20/80:** atividade iniciada recebe 20% e somente é complementada com os outros 80% quando é concluída.
- ✓ **Regra 0/100:** a atividade somente recebe um avanço único de 100% quando está totalmente concluída.

5.3.2.1. Análise do valor agregado

Se for para eleger uma única ferramenta para acompanhar o projeto, escolha a análise do valor agregado. É uma ferramenta eficaz para análise de medida do desempenho do projeto a partir da comparação do seu avanço com o planejado. O seu grande diferencial está em avaliar tendências e formular correções sobre o andamento do projeto.

Na Tabela 14 constam seus principais indicadores, fórmulas e significados básicos.

Tabela 14. Análise do valor agregado

Nome	Fórmula	Significado e aplicação
Variação de custo	VC = VA − CR	(−) acima; (+) abaixo do orçamento
Variação de prazo	VPR = VA − VP	(−) atrasado; (+) adiantado
Índice de desempenho de custos	$IDC = \dfrac{VA}{CR}$	< 1 ruim; ≥ 1 bom
Índice de desempenho de prazos	$IDP = \dfrac{VA}{VP}$	
Estimativa no término	$ENT = \dfrac{ONT}{IDC}$	Usado se não ocorreram variações em relação ao ONT ou se a mesma taxa de gastos for mantida
	ENT = CR + EPT	O custo real até a data mais uma nova estimativa para o trabalho restante. É usado quando a estimativa inicial tiver erros essenciais
	ENT = CR + (ONT − VA)	O custo real até a data mais o orçamento restante. É usada quando se considerar que as variações atuais são atípicas e não ocorrerão no futuro. CR mais o valor restante do trabalho a ser executado
	$ENT = CR + \dfrac{(ONT - VA)}{IDC}$	Custo real até a data mais o orçamento restante modificado com base no desempenho. É usada quando se considera que as variações atuais serão típicas no futuro
Estimativa para terminar	EPT = ENT − CR	O quanto o projeto ainda custará
Variação na conclusão	VNC = ONT − ENT	Variação do orçamento

Fonte: autor.

Onde:

- ✓ **VA:** valor agregado.
- ✓ **CR:** custo real.
- ✓ **VP:** valor planejado, ou valor de custo no prazo.

Mas o que exatamente cada um desses indicadores pode nos dizer? Vamos acompanhar um exemplo, elaborado com o apoio do esquema representado através da Figura 31.

A sua atividade será realizar a pintura das paredes internas de um apartamento que totaliza 170,00 m² de superfície de parede, compreendendo todas as etapas dessa atividade: regularização com massa corrida, lixamento, limpeza e aplicação de duas demãos de tinta.

Você estimou que essa atividade levará três dias para ser executada, organizados da seguinte maneira: no primeiro dia a preparação das paredes com a aplicação de massa corrida, retirada dos espelhos de tomada e de interruptores e proteção de pisos e batentes de portas e de janelas. No segundo dia, lixamento e aplicação de primeira demão de tinta. No terceiro dia, aplicação da segunda demão de tinta e limpeza geral.

Para realização integral dessa atividade, materiais e mão de obra foram orçados ao custo total de $ 6.000,00 sendo $ 2.000,00 de materiais e $ 4.000,00 de mão de obra.

Então, resumindo, temos 170,00 m² de superfície de parede para pintar em três dias dentro de um orçamento total de $ 6.000,00. Vamos começar.

Para efeito de acompanhamento, você dividiu o seu orçamento também em dias, compondo o quanto estaria previsto gastar em cada dia de trabalho. A divisão ficou assim: $ 1.000,00 no primeiro dia, $ 2.500,00 no segundo dia e mais $ 2.500,00 no terceiro dia.

Ao realizar o balanço das tarefas executadas no primeiro dia da atividade, você não identificou nenhuma variação em relação ao que havia previsto. Terminou todas as tarefas que havia programado executar no primeiro dia e não gastou nenhum material além do que havia previsto gastar. O realizado foi igual ao previsto, prazo de 1 dia e custo de $ 1.000,00.

No primeiro dia:

- ✓ VA = $ 1.000,00.
- ✓ CR = $ 1.000,00.
- ✓ VP = $ 1.000,00.

Ao que tudo indica estamos bem, tudo ocorreu dentro do que havia sido previsto. Ficamos animados para o segundo dia.

O segundo dia começa com alguns imprevistos. Primeiro, você chegou ao local de trabalho duas horas atrasado e esqueceu as chaves do apartamento. Foi preciso chamar um chaveiro que custou $ 200,00 e que não estava em seu orçamento. Ocorreu um atraso total de quase quatro horas para iniciar as atividades do dia.

Você não conseguiu concluir todas as atividades que havia programado para o dia, realizou 70% do que havia previsto e ainda percebe mais um detalhe: consumiu um pouco mais que a metade do total do material que havia comprado, e talvez o restante do material não seja suficiente para terminar todas as atividades. Você então decide que terá que comprar mais tinta, levando a um acréscimo de custo de $ 300,00 de materiais para repor o que gastou a mais no dia.

Como foi o seu segundo dia:

- ✓ VA = $ 1.000,00 + 70% de $ 2.500,00 = $ 2.750,00
- ✓ CR = $ 1.000,00 + $ 2.500,00 + $ 200,00 + $ 300,00 = $ 4.000,00
- ✓ VP = $ 1.000,00 + $ 2.500,00 = $ 3.500,00

Desse modo, temos:

$$VC = VA - CR = 2.750 - 4.000 = -1.250$$

$$VPR = VA - VP = 2.750 - 3.500 = -750$$

$$IDC = \frac{VA}{CR} = \frac{2.750}{4.000} = 0,688$$

$$IDP = \frac{VA}{VP} = \frac{2.750}{3.500} = 0,786$$

Ou seja, se não houver nenhuma mudança para o terceiro dia, muito provavelmente o seu orçamento não será mantido e ainda correrá o risco de ter que avançar em mais um dia de trabalho.

Mesmo que você consiga realizar no terceiro dia o desempenho igual ao que havia previsto, o prejuízo que teve no segundo dia já estará consolidado. Se você não fizer nada para reverter o atraso que teve no segundo dia, o seu prejuízo poderá ser ainda maior.

Podemos calcular o que seria a pior situação: repetir no futuro (no caso, o terceiro dia) o seu desempenho atual.

O seu IDC atual reflete uma parcela de aumento de custo pelo gasto com materiais e uma outra parcela do imprevisto ocorrido que levou a ter que chamar um chaveiro para abrir o apartamento. Como você tomará as devidas precauções para não esquecer novamente as chaves, somente por essa certeza a sua taxa de gastos para o terceiro dia já não seria mais a mesma. Concluímos então que o IDC, ora calculado, não deve ser utilizado para realizar uma estimativa do custo para o término.

Se assumirmos que o desempenho no terceiro dia será igual ao previsto e que nada poderíamos fazer para recuperar os prejuízos realizados até o momento, calculamos a estimativa no término através dessa fórmula:

$$ENT = CR + (ONT - VA) = 4.000 + (6.000 - 2.750) = \$ 7.250,00$$

Ocorre que você não ficou nada satisfeito com o rendimento da tinta que havia adquirido e o rolo de pintura também não o ajudou muito ao realizar os trabalhos de pintura. Como a maior parte do trabalho que irá realizar no terceiro dia será de acabamento, com a aplicação de segunda demão de tinta, você resolveu investir na compra de um rolo de pintura especial para acabamentos que custou $ 50,00.

Você também resolveu trocar as embalagens que ainda não foram abertas da tinta restante por outra de marca um pouco mais cara, porém com a aposta de que o seu resultado será superior. Essa troca representou um custo de $ 150,00, porém evitou que tivesse que adquirir mais tinta da marca anterior, que custaria $ 300,00.

Com essas mudanças você espera recuperar o prejuízo inicial com o imprevisto do chaveiro e também com o seu atraso na produção.

Você calcula assim que a sua estimativa para terminar seria o seu orçamento original para o dia, mais os novos investimentos em materiais que adquiriu, ficando assim:

$$EPT = 2.500,00 + 50,00 = 2.550,00$$

O custo real mudaria porque agora você terá $ 150,00 de aumento em vez do aumento de $ 300,00 para recompor a tinta necessária para realizar os trabalhos.

$$CR = 1.000 + 2.500 + 200 + 150 = \$ 3.850,00$$

A sua nova estimativa no término ficaria então assim:

$$ENT = CR + EPT = 3.850 + 2.550 = \$ 6.400,00$$

Entendo, é desanimador saber que a sua meta atual de custo supera o valor inicialmente previsto. Em vez de $ 6.000,00 de custo, agora a sua estimativa é maior, de $ 6.400,00, mas esse cenário ainda é melhor do que se tivesse um aumento de custo para $ 7.250,00, como calculou anteriormente.

Lembrando: a sua nova referência de custo, a sua nova linha de base, é de $ 6.400,00, ou o equivalente a $ 2.550,00 para o terceiro dia ($ 6.400,00 menos o realizado de $ 1.000,00 no primeiro dia e o realizado de $ 2.850,00 no segundo dia).

O seu plano de mudança funcionou! Você concluiu todas as atividades no terceiro dia e a tinta que utilizou para o acabamento ainda lhe rendeu um ganho na qualidade do resultado final. O terceiro dia terminou assim:

112 Como Gerenciar Projetos de Construção Civil

- ✓ VA = $ 6.400,00.
- ✓ CR = $ 6.400,00.
- ✓ VP = $ 6.400,00.

Vemos, com esse curto exemplo, o que poderia acontecer em uma atividade dentre centenas e centenas de atividades a serem realizadas em uma obra. Note como é valiosa a informação trazida através do monitoramento do avanço das atividades para identificar desvios e possibilitar reverter situações que poderiam levar a um aumento de custo muito além do esperado e até mesmo ao atraso na conclusão da obra.

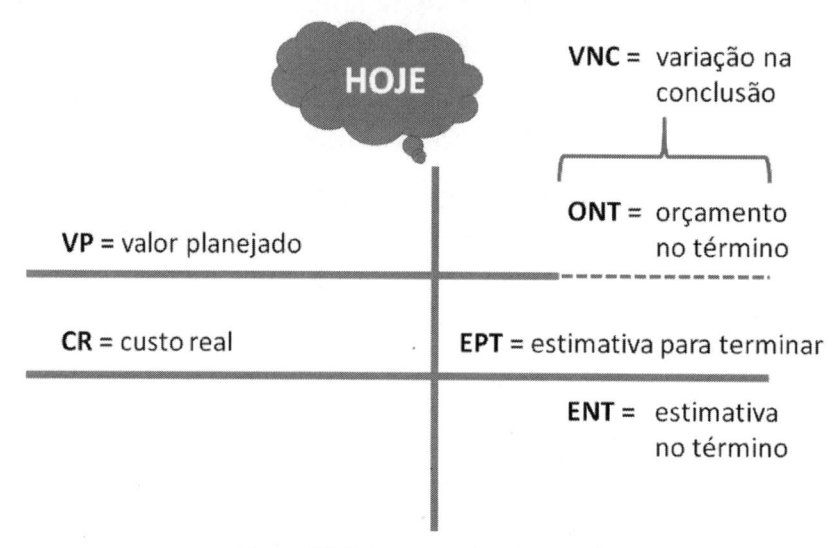

Figura 31. Valor agregado, situação hoje.
Fonte: autor

Imagine realizar o acompanhamento individual das principais atividades da obra. Você pode tomar como referência a curva ABC, obtida da mesma maneira que vimos para a lista de materiais da obra, substituindo-a pela lista das atividades do projeto, ou também as atividades que compõem o caminho crítico no seu cronograma.

A análise do valor agregado pode ser aplicada também à linha integral do projeto, à soma de todas as suas atividades ou a algum conjunto menor de atividades que queira acompanhar, a uma fase ou setor da obra, por exemplo. Divisões nesse sentido podem ser utilizadas para acompanhar, por exemplo, o desempenho entre diversas equipes de trabalho para uma mesma atividade que tenha em desenvolvimento na obra, ou mesmo entre obras.

Esses indicadores ficam muito bem representados através de uma curva S, conforme demonstra a Figura 32.

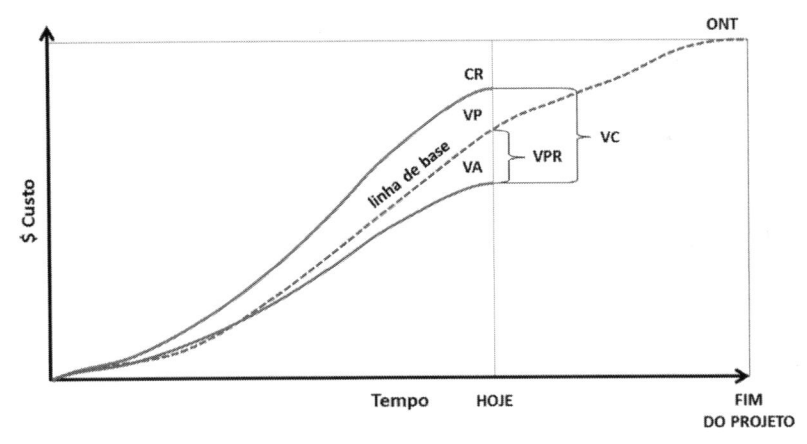

Figura 32. Curvas S.
Fonte: autor

Você poderá traçar gráficos, como o da Figura 33, com os resultados obtidos do Índice de Desempenho de Custo (IDC) e o Índice de Desempenho de Prazo (IDP). Qualquer variação crítica (abaixo de 0,90) ou de expectativa superada (acima de 1,10) deve vir acompanhada de uma justificativa, de um plano de ação ou de uma medida que ajuste a linha de base (proposta de alteração), que corrija a execução ou reveja as premissas sobre aquela atividade em desajuste com o planejado.

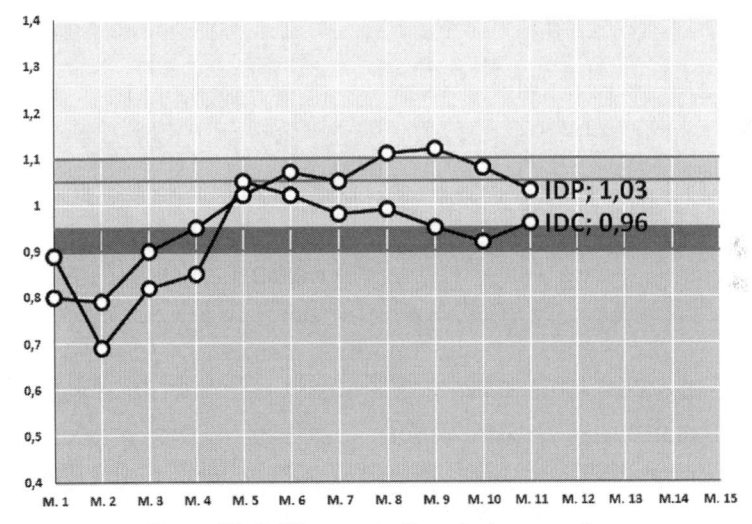

Figura 33. Gráfico com índices de desempenho.
Fonte: adaptado de AMBRIZ, 2008, p. 597

Muitos poderão vir a concluir, logo ao término da leitura deste tópico (se chegarem a terminar a leitura), que esse tipo de acompanhamento é uma utopia, que na construção civil, diante da dinâmica na execução das atividades, isso não seria prático de implantar, ou, se implantado, seria muito custoso executar, etc., etc., etc.

Eu aqui espero já tê-lo convencido sobre o emprego da OS e do DOS, como vimos anteriormente, mas se eu ainda não o convenci, acredito que agora conseguirei. Os dados para ter a análise do valor agregado, que lhe propiciará informações cruciais sobre o desempenho do seu projeto, podem ser obtidos integralmente através das ordens de serviço.

Voltemos ao exemplo que acabamos de ver, agora integrado ao fluxograma básico sobre a OS, representado na Figura 34.

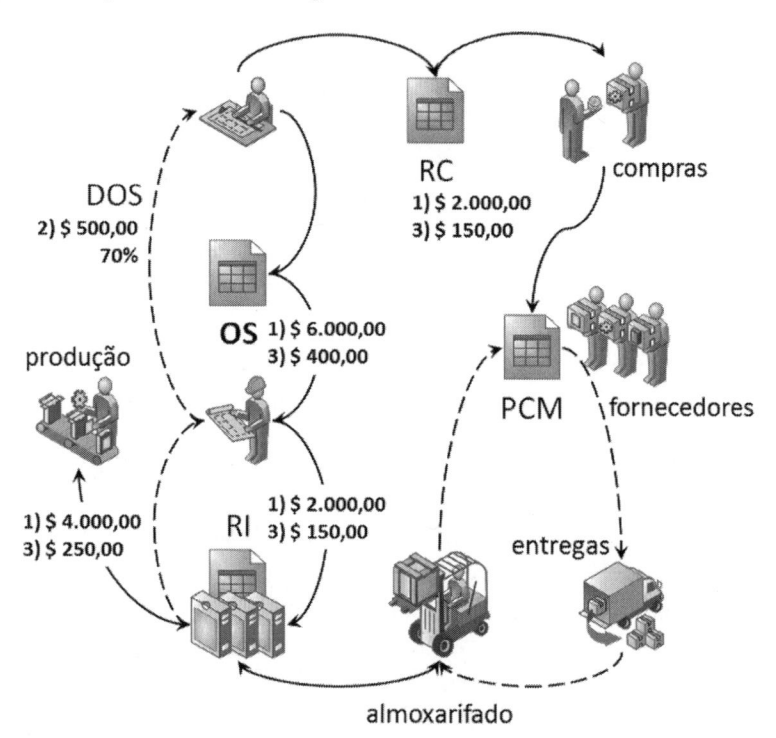

Figura 34. Uso da OS na análise de valor agregado.
Fonte: autor

Na Tabela 15 temos a explicação da posição de cada um dos valores do exemplo, para um melhor entendimento sobre o aproveitamento da operação através de OS para a análise do valor agregado.

Tabela 15. Resumo exemplo AVA

Orçamento	Materiais		Mão de obra		Total	
	Previsto	Realizado	Previsto	Realizado	Previsto	Realizado
Dia 1	50	50	800	800	850	850
Dia 2	1.170	1.119	1.600	1.800	2.770	2.919
Dia 3	780	981	1.600	1.650	2.380	2.631
Total	2.000	2.150	4.000	4.250	6.000	6.400

Fonte: autor.

No exemplo, teriam sido emitidas duas OSs: a primeira de $ 6.000,00 e a outra complementar para o terceiro dia de $ 400,00, com a autorização total de gastos para o projeto de $ 6.400,00. As requisições de compra efetuadas totalizariam $ 2.150,00, uma primeira de $ 2.000,00 e outra complementar para finalização dos trabalhos do terceiro dia de $ 150,00, sendo que nesse caso teria havido a troca do material restante adquirido originalmente.

Perceba que não haveria como ser retirado do almoxarifado nada além do que foi autorizado e adquirido previamente, no total de $ 2.150,00 já com a revisão final.

Para as atividades com o pessoal, teriam sido autorizados $ 4.250,00, sendo que desse valor se destacam os $ 200,00 que foram empregados na contratação emergencial do chaveiro. A diferença de $ 50,00 que teria aumentado em relação à previsão original seria resultado de parte do prejuízo de atraso percebido no segundo dia, quando a produção teria atingido 70% do valor previsto originalmente.

A DOS informada no segundo dia, com o gasto real obtido através da diferença entre o total adquirido e o saldo não aplicado, mais a informação do avanço da produtividade da equipe na atividade do dia, permitiu identificar os desvios e fazer **a tempo** os ajustes que permitiriam minimizar os impactos nos custos.

Se avaliássemos apenas a parte econômica das informações constantes no exemplo da Tabela 15, seríamos certamente induzidos a erros. Primeiro, haveria a impressão de que os gastos com materiais no segundo dia estariam dentro do orçamento, afinal o total gasto do dia teria ficado em $ 1.119, abaixo do previsto ($ 1.170), quando na realidade seria o contrário. Já para a parte da mão de obra, se a conta decorrente do imprevisto não tivesse apropriadamente em separado, haveria a impressão de que a produtividade da equipe seria muito inferior ao previsto e não haveria proporção para o seu valor real. Isso poderia levar até mesmo à decisão de inclusão de mais pessoal na equipe, ou à autorização da realização de jornada extra de trabalho, medidas que, se empregadas, além de serem totalmente desnecessárias, poderiam prejudicar ainda mais a produção, se comparada à previsão original.

5.3.3. Inspeções de início, intermediárias e finais

As inspeções sobre a realização das atividades têm, em muitas empresas, a conotação negativa de fiscalização, de um querer **pegar** o erro do outro, um atrapalhar o outro. Isso causa um desequilíbrio enorme, uma barreira que distancia o entendimento de quem executa e de quem fiscaliza acerca dos objetivos sobre fazer da maneira correta e bem feito, uma única vez.

Muitas empresas criam estruturas enormes de treinamento para que os **fiscais** doutrinem as equipes no entendimento dos conceitos (que muitas vezes eles próprios não entendem).

Outro ponto que necessita ser abordado está relacionado aos objetivos específicos em cada tipo de fiscalização:

- ✓ **Inspeções técnicas:** consiste em verificar uma etapa da construção para constatar se requisitos técnicos foram atendidos, liberando os serviços para uma próxima etapa. Exemplo: inspeção da armação de uma laje, que libera a etapa de concretagem.
- ✓ **Inspeções de segurança do trabalho e de meio ambiente:** requisitos legais devem ser observados e atendidos na execução das atividades, com o objetivo de preservar a integridade física dos trabalhadores e a diminuição dos impactos da atividade sobre o meio ambiente. As inspeções são realizadas para constatar os cumprimentos dos requisitos.
- ✓ **Inspeções de qualidade:** conferências de etapas intermediárias e de aceitação final sobre a qualidade da execução de uma atividade. Exemplo: medição do prumo de um pilar antes de sua concretagem.

A fiscalização, aqui, deve ser direcionada para complementar e contribuir com a realização do trabalho. Não que uma fiscalização não contribua; ela contribui, da sua maneira. Mas qual o prejuízo em se apontar o errado quando for possível, sim, evitar o errado?

Quando tratei, em trecho anterior deste livro, de medir o avanço na execução de uma atividade, sequer mencionei a possibilidade de haver inspeções para isso, de fiscalizadores da produtividade. O próprio processo e os seus agentes diretos oferecem, de maneira simples e prática, essa informação.

Dos três grupos de inspeções relacionadas anteriormente, talvez apenas as inspeções de segurança do trabalho e de meio ambiente se destaquem por suas especificidades. Para complementar, além dos conhecimentos técnicos necessários, há um requisito legal a ser atendido, com o emprego de um número mínimo de técnicos do trabalho por número de funcionários da obra.

Tratando as inspeções técnicas e de qualidade como atividades de um mesmo conjunto, o seu responsável técnico passa a ter uma relação natural com a equipe de trabalho – ele é da equipe. Os técnicos de segurança do trabalho e de meio ambiente devem fazer parte dessa equipe, devem ser integrantes do trabalho.

Um atendente de balcão na farmácia não tenta entregar de maneira escondida a um cliente o remédio que necessite da conferência prévia do farmacêutico, e este, por sua vez, não tem em seu tempo a preocupação de fiscalizar se os atendentes estão entregando remédios sem que passem por sua liberação. Eles fazem parte da mesma equipe e um sabe que necessita do outro para ter o trabalho concluído.

Acredito que eu já tenha me feito entender.

5.3.4. Produtividade de equipamentos e equipes

A execução de projetos que envolvem a utilização de equipamentos pesados empregados parcialmente em uma etapa da obra (terraplenagem para construção de um edifício) ou integralmente (construção de uma rodovia, por exemplo) necessita de atenção em alguns aspectos específicos.

Um desses aspectos, talvez o mais importante entre eles, está relacionado à real disponibilidade dos equipamentos.

Equipamento na obra é equipamento disponível para o uso. Todavia, antes de iniciar o seu emprego na realização de uma atividade, é necessário posicioná-lo no local correto, abastecido, lubrificado, inspecionado e liberado para o uso. Durante a utilização do equipamento também há momentos de parada obrigatória para reabastecimentos, lubrificações e trocas de outros componentes de consumo (pneus, filtros, correias, peças de corte, etc.).

Se houver equipamentos com tempo de permanência longa o suficiente na obra a ponto de vir a coincidir com alguma agenda de manutenção preventiva, você deve levar isso em consideração na programação, no planejamento e eventualmente no custo da obra, se forem de responsabilidade do projeto gastos com desmobilização e remobilização de outro equipamento em substituição ao que entrará em manutenção.

Disponibilidade, portanto, não se traduz em produtividade. A disponibilidade do equipamento pode ser dividida em horas produtivas e improdutivas.

Mesmo as horas produtivas, aquelas em que o equipamento está em seu pleno funcionamento, podem refletir em variações na quantidade produzida, por questões como o nível de dificuldade de uma atividade, as funcionalidades do equipamento, as disposições climáticas, a perícia do seu operador e outras interferências.

As atividades de um equipamento, que podem ser autorizadas através de uma OS, são registradas através da **parte diária do equipamento**.

Uma parte diária do equipamento deve ser sucinta, suficiente para mapear a produtividade conjunta do equipamento e do seu operador, e confrontada com as condições esperadas de produtividade, buscando nos registros desvios sobre eventuais causas que estejam colaborando para o não atingimento da produtividade esperada (paradas de defeito, interferências, chuva improdutiva fora da programação, etc.).

A média da produtividade ao longo de um ciclo deve atender à meta, e a meta deve ser revista a cada ciclo.

Um exemplo: você necessita que certa atividade na obra realizada por um equipamento atinja uma produção média de 10 metros por dia a cada 20 dias de trabalho. É o que estabelece a composição dessa atividade. Não adiantará, ao final desse ciclo de 20 dias, constatar que a sua média real obtida foi de 8 metros e não saber explicar o que deu errado e quais foram as causas para o não atingimento da meta. E apenas explicar também não fará com que a produção se reestabeleça.

Através da parte diária do equipamento você terá o relato de como foi o seu dia, o que pode ter ocorrido de imprevisto e quanto o equipamento realmente produziu.

A estimativa de 10 metros por dia constante na composição partiu de uma referência, e nessa mesma referência deve haver também a informação da produção máxima e da produção mínima daquele equipamento. Se essa informação não for própria da empresa, com base em históricos do equipamento (bom seria que fosse), dados genéricos podem ser obtidos através de revistas especializadas e assim adotados até que você reúna os seus próprios dados.

Outra referência que pode ser utilizada como fonte provisória de informação para os dados de máximo e de mínimo são as opiniões da equipe de produção, que possui histórico próprio diante da experiência na execução da atividade.

Mesmo assim, cuidado com as referências. A unidade a produzir para um veículo em deslocamento em uma estrada será a mesma (quilômetros por hora), mas o esforço em um trecho de serra será maior que o esforço em um trecho plano. Ou seja, as referências adotadas precisam ser complementadas com algumas informações, para que sejam equalizadas e aceitas as que mantiverem algumas similaridades com a realidade da atividade no seu projeto.

O mesmo cuidado deve-se ter com as médias. O resultado médio obtido, 10, por exemplo, pode vir da soma de números próximos, por exemplo, 9 e 11, ou da média de dois números distantes, por exemplo, 5 e 15. Resultados com grandes variações nos números diminuiriam as chances de se atingir a produção final desejada em um período.

Isso deve ficar mais bem entendido através de um exemplo. Fazendo o seu acompanhamento diário, você poderá alimentar as informações de produção obtidas a cada dia em uma tabela, conforme exemplo a seguir.

Tabela 16. Exemplo de controle de produção do equipamento

Dia	1	2	3	4	5	6	7	8	9	10	11	12	13	14	15
Prod.	10	11	12	8	8	10	11	9	12	12	10	11	9	8	8

Fonte: autor.

É esperado que o equipamento produza 10 metros por dia. Se essa produção fosse linear, se todo dia houvesse 10 metros de produção, não haveria grande preocupação. Na realidade, o equipamento apresenta uma variação na produtividade diária, um dia para mais, outro dia para menos que o valor previsto. Dessa forma, qual seria o limite tolerável de variação na produtividade diária (para mais ou para menos da meta diária) que não viesse a comprometer a média final de produtividade?

No primeiro dia do exemplo você passou ileso: esperava 10 e obteve 10 como resultado. Ufa! Agora, no segundo dia, obteve 11 de resultado e no terceiro dia, 12. Mas que boas surpresas, será que poderá contar com uma produção diária maior que 10 metros? O quarto dia, com um resultado de 8 metros, responde prontamente que muito provavelmente não...

Até o quarto dia os seus resultados foram os seguintes:

- ✓ Total produzido = 10 + 11 + 12 + 8 = 41 metros
- ✓ Esperado em quatro dias = 4 × 10 = 40 metros

Ou seja, os resultados obtidos até o quarto dia foram suficientes para garantir a produtividade diária esperada do equipamento. Você continuará a ler os resultados diários acumulados e a comparar com o esperado. Eles estão na Tabela 17.

Tabela 17. Exemplo de controle de produção de equipamento, desvios

Dia	1	2	3	4	5	6	7	8	9	10	11	12	13	14	15
Prod.	10	11	12	8	8	10	11	9	12	12	10	11	9	8	8
Total	10	21	33	41	49	59	70	79	91	103	113	124	133	142	150
Meta	10	20	30	40	50	60	70	80	90	100	110	120	130	140	150
Desvios	0	1	3	1	-1	-1	0	-1	1	3	3	4	3	2	0

Fonte: autor.

Você começou a ter problema com a produtividade a partir do dia 4 e o problema se manteve praticamente até o dia 8, quando o quadro se reverteu e a produtividade diária permaneceu acima da prevista até quase a sua conclusão.

Os relatos trazidos através das partes diárias do equipamento dos dias 4 e 5 permitiram que você identificasse o que teria atrapalhado a produtividade e assim tomasse medidas corretivas suficientes para que a produtividade aumentasse nos dias seguintes e que os níveis esperados fossem recuperados. Não monitorar diariamente a produtividade culminaria em não identificar e corrigir **a tempo** as causas que estariam resultando em produtividades abaixo do esperado.

O modelo de acompanhamento efetuado por esse exemplo pode ser aplicado a qualquer atividade que dependa de uma produtividade cotidiana e suscetível a variações que possam gerar impacto na sua conclusão de acordo com a previsão.

5.3.5. Avaliação da equipe do projeto

A avaliação de desempenho atrelada ao benefício pecuniário, mais do que uma prática usual, é prevista através da Lei nº 10.101, de 19 de dezembro de 2000, que dispõe sobre a participação dos trabalhadores nos lucros ou resultados da empresa.

A sua empresa poderá ter um programa padronizado já em vigor, e para certas regiões em que venha a trabalhar poderá haver também programas previamente acordados em convenção coletiva sindical e você terá que os seguir, mas sem impedimento a realizar complementos que julgue necessários.

A Figura 35 ilustra as etapas básicas para desenvolvimento de um programa de PLR.

Figura 35. Etapas do programa de PLR.
Fonte: autor

Um bom plano de avaliação de desempenho e de participação sobre os resultados começa com o envolvimento de todos na sua elaboração. Para equipes numerosas você poderá trabalhar a discussão do plano com representantes, sendo ideal que haja um representante de cada cargo na equipe, escolhido por seus pares, mas talvez isso possa se tornar inviável para projetos com equipes muito numerosas. Assim, fixe o número de vagas e abra para que os funcionários elejam os seus representantes.

A primeira missão da equipe de representantes é desenvolver, juntamente com você, os critérios que serão utilizados para a realização das avaliações, as metas individuais e coletivas que terão que ser cumpridas e a periodicidade da realização das avaliações.

Quanto mais objetivos forem os indicadores, que possam ser calculados, conferidos, evidenciados, melhor. **Fuja** de indicadores subjetivos, aqueles com objetivos mais sociáveis, mas que na realidade acabam trazendo insatisfação e desagregação da equipe.

Todos precisam ter em foco o objetivo comum: concluir a obra no prazo e com qualidade, de acordo com os interesses do cliente, com segurança, respeitando todas as normas e a sociedade, obtendo ao final o resultado financeiro esperado. Os indicadores devem estar relacionados a esses objetivos, afinal, não haverá o que repartir se não houver resultado positivo.

As parcelas a serem distribuídas a cada funcionário poderão ser diferentes conforme os níveis hierárquicos. Para cargos similares, o valor pode ser diferenciado de acordo com o tempo de experiência e de empresa, o que deve obter um reconhecimento maior.

Esses três critérios podem ter pesos distintos sobre o total, fazendo com que desempenho, por exemplo, ao ter peso 6, seja levado em maior consideração que nível hierárquico, com peso 3, e experiência interna, com 1.

Chegado a um acordo e redigidas as regras do programa, todos devem assinar e uma via do programa deve ser protocolada no sindicato.

5.4. Relatórios de desempenho

Mais importante do que ter um relatório simplesmente para atender aos interesses internos ou externos da empresa é ter um relatório que atenda aos próprios interesses do projeto, que reflita com propriedade o momento do projeto e seu rumo diante desse momento, seja sucinto e que possa ser compreendido com facilidade e rapidez.

Talvez sejam necessários um ou mais modelos de relatórios periódicos. Dependendo do público e do interesse alvo, o conteúdo poderá ser diferente.

O ideal é que haja uma combinação, uma conexão entre os vários possíveis modelos de relatório, o que facilitaria a elaboração, a distribuição e o versionamento entre as edições.

Não existindo um padrão já estabelecido, cada um dos interessados no assunto deve ser interpelado sobre as suas necessidades de informação, sobre qual tipo de informação gostariam de receber e em qual periodicidade. Antecipar-se, aqui, é melhor do que ser pego de surpresa em momento seguinte, quando você poderá se ver em dificuldades para atender a um ou mais requisitos de informação por não ter efetuado, até então, o registro dos dados que seriam necessários (por exemplo, a solicitação de um simples registro fotográfico da execução da obra; se você não tiver registrado nenhuma foto até o pedido, o registro passado terá se perdido).

O primeiro a ser entrevistado deve ser você mesmo! Qual relatório você quer para o seu projeto? Com quais informações e com qual abrangência? Lembre-se: sucinto; não muito, não pouco.

Atender, primeiro, às suas necessidades de informação facilita a compreensão de valor sobre cada conteúdo reunido e facilitará ao explicar essas informações a quem mais possa interessar. Isso também auxilia quando há necessidade de propor um modelo de relatório, quando um interessado não possuir um modelo e não tiver uma ideia mínima do que solicitar.

Não se acanhe a entregar um modelo de relatório seu, mesmo a quem não pedir relatório nenhum. Envolva-o, traga-o para o projeto, se for uma pessoa-chave. Ter e oferecer informações, mesmo que não sejam vistas por alguém, é melhor do que não ter ou não disponibilizar informação nenhuma.

Talvez pareça óbvio, mas mesmo assim vou pecar pela retórica: não gere versões de uma mesma informação para atender a públicos diferentes. Não entregue, por exemplo, um posicionamento sobre o avanço do projeto para A e outra informação, com outra situação sobre o avanço do projeto, para B. Já vi muitos projetos terem dois ou até mesmo três ou mais cronogramas! Nessa situação, um cronograma seria o do cliente, o segundo do chefe da matriz, e um terceiro cronograma seria o **real cronograma** do projeto.

Muitos justificam essa medida como sendo necessária para atender a versões sumarizadas da informação, só que cometem a falha de produzi-las em outra base, através de outros arquivos, e se perdem na sincronização das informações. A origem deve ser única, sumarizada conforme a sua estruturação permitir.

Com exceção da parte textual que o modelo proposto de relatório talvez possa prever, as informações em geral não devem ser montadas unicamente para a **produção** do relatório. O relatório deve ser gerado, extraído de uma base de informações preexistentes, que estejam em um sistema informatizado ou em outros relatórios impressos.

O trabalho se resume em reunir e organizar dados para transmitir informações de interesse comum. Não é o momento, nas vésperas de se entregar um relatório mensal, de fazer um trabalho que deveria ter sido efetuado ao longo de todo o mês.

As ferramentas computacionais têm o propósito de facilitar e acelerar o trabalho, além de garantir padrão e qualidade visual aos relatórios. A confiabilidade das informações dependerá da qualidade dos dados de entrada e de sua análise final.

As etapas de condução dos trabalhos até aqui tratados oferecem condições de compor uma base de dados que permita a geração de um bom relatório.

5.4.1. Encontro de contas em consórcios

Recapitulando, consórcios são constituídos através da sociedade entre duas ou mais empresas que reúnem os seus recursos e capacidades técnicas para, sob um interesse comum, executar um projeto.

Na formação do consórcio as empresas organizam como serão as suas representações, quais recursos não pecuniários cada uma delas irá dedicar ao consórcio, compreendendo funcionários, equipamentos ou instalações.

Esse aporte de recursos, que representa um custo para as empresas, deve ser equilibrado, próximo ou igual à participação de cada empresa no consórcio. Se duas empresas constituem uma representação na forma de consórcio, em uma divisão de 60% e 40% entre elas, a empresa A deve compor no consórcio 60% de aporte de recursos e a empresa B deve complementar com 40% que é a sua participação.

Na divisão dos resultados, a empresa A terá direito a 60% e a empresa B terá direito a 40%. Assim, não faria sentido, na hora de serem chamadas a contribuir, uma inversão da representação, onde B aportaria mais do que A e na hora de divisão dos resultados A tivesse a sua parte maior que a de B.

Por esse motivo, deve haver sempre o equilíbrio entre os recursos não pecuniários aportados pelas empresas no consórcio que tenham em comum.

As empresas poderão ser chamadas também a aportar recursos pecuniários, para compor o fluxo de caixa do consórcio, respeitando, da mesma maneira, a representação de cada uma no consórcio. Se for necessário, por exemplo, $ 100,00 de aporte e duas empresas formaram um consórcio de 60% e de 40%, a empresa A deverá transferir para a conta do consórcio na data solicitada $ 60,00 e a empresa B deverá transferir a sua parte, $ 40,00.

As empresas se tornam credoras do consórcio nos aportes que realizaram, pecuniários ou não. O encontro de contas representa a apresentação da relação de despesas de cada empresa, a serem ressarcidas pelo consórcio, como exemplo na Tabela 18.

Tabela 18. Exemplo de encontro de contas

	Empresa A	Consórcio		Empresa B	Consórcio
Gerente	10.000		Engenheiro	8.500	
Engenheiro	8.000		Mestre	7.000	
Técnico	4.500		Assistentes	1.000	
Caminhões	25.000		Veículos	15.000	
Computadores	2.500				
61%	$ 50.000	($ 50.000)	39%	$ 31.500	($ 31.500)

Fonte: autor.

No exemplo, as empresas A e B aprovam mutuamente as suas apresentações de contas e o consórcio recebe a cobrança de $ 50.000,00 da empresa A e de

$ 31.500,00 da empresa B. Os seus valores estão muito próximos da proporção de participação de cada empresa no consórcio. Essas cobranças se transformam em despesas a pagar pelo consórcio, como se fossem cobranças de qualquer outro fornecedor.

O consórcio tem para com os sócios a obrigação de responder, nessa ordem, com a devolução dos aportes financeiros, com o pagamento das despesas de encontro de contas e com a distribuição de resultados assim que disponíveis.

5.5. Desmobilização e encerramento

Considero a desmobilização e o encerramento de um projeto o seu momento mais crítico, por uma série de circunstâncias. Cito as principais:

- ✓ **A pressa:** se o momento não for bem administrado, surge um clima de ansiedade sobre a finalização das últimas atividades, o que torna as tarefas simples verdadeiras operações de guerra.
- ✓ **O desânimo:** os primeiros a serem desmobilizados se veem desanimados por dois aspectos: primeiro porque não ficarão no projeto até o seu término e em segundo porque não sabem o destino de seus empregos. Serão dispensados? Férias? Transferidos para um outro projeto, um projeto ruim?
- ✓ **O acúmulo de tarefas:** com a desmobilização de parte da equipe por descontinuidade das tarefas, algumas funções com menos atividades, a ponto de não justificar a presença de um profissional integral para executá-las, são realocadas, o que ocasiona certo acúmulo de tarefas.
- ✓ **A lentidão nas comunicações:** por mais estruturadas que estejam, certas informações poderão depender de uma pessoa em específico para serem localizadas com rapidez.

5.5.1. Desmobilização dos recursos

Uma certeza você possui: a partir de certa data um determinado recurso não será mais necessário para o projeto. Mas, em se tratando de um recurso próprio da empresa, o que fazer dele? Ter uma agenda de desmobilização, antecipada por intervalos para tomada de decisão, traz para o projeto economias.

Uma desmobilização precede uma ou mais mobilizações. Através de uma organização mínima e padronizada da disponibilidade de recursos-chave, a empresa saberá com quais recursos ela poderá contar para projetos futuros a partir da finalização de seus projetos atuais.

5.5.1.1. Funcionários

Por mais que você possa ser sigiloso com relação às informações do projeto, uma dessas informações você não deve esconder de ninguém, muito menos de sua equipe: o término do projeto. De qualquer forma, por mais que tentasse, você não conseguiria manter o sigilo, pois a proximidade de término de uma obra é algo visível, não há como esconder.

Não me pergunte por quais razões alguém gostaria de manter uma data dessas em segredo. Não faço ideia do que poderia justificar tal atitude, mas, acredite, já vivenciei situações em que tal informação fora guardada sob absoluto sigilo.

Uma das piores atitudes que você poderia ter com a sua equipe seria a falta de transparência nas informações. Sim, a obra está terminando, e não, ainda não sei o que será de nós. Por mais dura que possa parecer, essa poderá ser a sua única resposta no momento, mas será uma resposta sincera.

Ao desmobilizar esses recursos, procure ter o mesmo cuidado e trabalho que teve quando precisou **puxar** recursos para sua obra.

Lembra do gerente funcional? Você está com pessoal oriundo do departamento dele e agora precisará devolvê-lo. Será que ele irá aceitar de volta? Não porque alguém não seja bom funcionário, a razão estaria mais ligada a não necessitar do funcionário enquanto não houver outra obra para alocá-lo.

Pelo visto, a comunicação da data de finalização da obra não é de importância somente para a sua equipe. As demais obras da empresa e os departamentos precisam receber essa informação – e melhor ainda será se você elaborar um cronograma de desmobilização.

Não haveria necessidade de desenvolver nada muito requintado, talvez pudesse constar no cronograma apenas o cargo em que estará colocando um funcionário à disposição e em que data isso ocorrerá. Maiores detalhes, como, por exemplo, valor de salário do funcionário, situação sobre períodos de férias pendentes, o nome do funcionário, etc., podem ser informados diretamente aos reais interessados.

5.5.1.2. Equipamentos próprios

A preocupação com a desmobilização de equipamentos próprios talvez seja a menor entre as desmobilizações. Aqui se faz suficiente elaborar e informar um cronograma de desmobilização e ter como resposta da equipe que gerencia os equipamentos próprios da empresa a confirmação da retirada dos equipamentos da obra na data informada.

5.5.1.3. Encerramento das contratações

Tenha como regra padrão, salvo se o contrato prever alguma regra específica, comunicar **formalmente** ao contratado a data de encerramento do contrato com uma antecedência mínima de trinta dias.

Até aqui você muito provavelmente já terá dado aceite em boa parte das entregas que o contratado tinha como responsabilidade fazer de acordo com o que você contratou com ele, mas guarde a última inspeção para ser realizada junto com a última liberação de pagamento. Melhor se conseguir que a sua checagem coincida ou seja realizada posteriormente à vistoria de aceitação do seu cliente – assim, nada que possa ser identificado deixará de ser cobrado do responsável pela execução.

A liberação do pagamento final poderá ter o mesmo efeito de termo de aceite definitivo e de encerramento contratual, data em que passam a vigorar as garantias legais.

5.5.2. Documentação e arquivo

Não restou ninguém na equipe para juntar aquele monte de papéis, colocar em caixas e mandar para o arquivo inativo da empresa, mais conhecido como arquivo **morto**. O que e como guardar? Aquela cópia da nota fiscal, devo guardar? Posso juntar em uma mesma caixa com quais documentos? Como indexar, para que os documentos sejam localizáveis no futuro, sem que dependam de mim?

O arquivamento dos documentos é uma tarefa que se **inicia no primeiro dia do projeto**, desde o primeiro documento.

Em linhas básicas, a configuração do arquivo de documentos ativos possui simetria com a configuração do arquivo de documentos inativos. O que diferencia um arquivo ativo de um inativo é o volume de consultas que são efetuadas sobre o documento durante um período que justifique o documento permanecer por perto (ativo) em vez de enviá-lo para o armazenamento central (inativo).

Dessa maneira, mesmo durante a execução do projeto, principalmente aqueles com muitos meses de duração, em certos pontos se justificaria a reunião de parte da documentação que já não é mais consultada com frequência pela equipe da obra e seu encaminhamento para o arquivo inativo, o que liberaria espaço no canteiro da obra e diminuiria riscos de extravio.

Uma boa organização da documentação enquanto ativa, além de permitir que o arquivo inativo seja montado quase que instantaneamente, permite também que as consultas sejam efetuadas com rapidez, o que facilita muito a rotina diária da equipe do projeto.

Mas algumas dúvidas permanecem: o que e como guardar?

As empresas possuem minimamente um guia próprio de arquivamento de documentos, apoiado ou não por uma ferramenta computacional, e que remetem à Tabela de Temporalidade Documental (TTD).

Através da TTD fica claro o que deverá ser transferido para o arquivo inativo, onde permanecerá pelo tempo estabelecido. A nomenclatura utilizada na tabela serve para efetuar a indexação dos documentos de maneira padronizada, para que o seu arquivo não tenha uma ou mais caixas relacionadas como sendo de **documentos diversos**.

Mas eu tenho documentos no projeto que não estão na tabela, o que ocorre? A TTD que encontrar poderá estar restrita aos documentos de maior prazo de arquivamento, normalmente aqueles que deverão ser remetidos ao arquivo central, tendo então a tabela que ser complementada com aqueles documentos que necessitam ser armazenados, mesmo durante apenas a fase de execução do projeto.

Ter uma relação que abranja todos os tipos de documentos e como devem ser tratados os seus arquivos traz como benefícios:

- ✓ Facilidade de montagem do arquivo ativo e, por conseguinte, da geração do arquivo inativo.
- ✓ Anotação dos empréstimos de documentos, quando estes são retirados do arquivo para algum propósito específico.
- ✓ Localizar fisicamente os documentos.
- ✓ Controlar e restringir o acesso aos documentos.
- ✓ Coibir arquivos desnecessários.

Essa mesma organização deve se estender aos documentos eletrônicos, principalmente para que não haja redundâncias. Por exemplo, armazenar o arquivo eletrônico de um documento quando existir um impresso e assinado. Neste exemplo, prevalecerá o documento impresso sobre o documento eletrônico. Um e-mail recebido que por algum motivo tenha sido impresso – armazeno o impresso ou o eletrônico? Reconheço que não sei por que alguém imprimiria um e-mail, mas não tenho dúvida em afirmar que deve ser mantida a versão eletrônica da mensagem.

A Tabela 19 é um exemplo de colunas que uma TTD poderá apresentar.

Tabela 19. Tabela de Temporalidade Documental (TTD)

Código	Descrição	Departamento	Responsável	Destinação final		Observações
				Data		
				Entrada	Expiração	

Fonte: autor.

Para os computadores em rede, e principalmente para os documentos eletrônicos que eventualmente não estejam sendo armazenados em rede, certifique-se da execução periódica de um processo de *backup* sobre esses documentos eletrônicos. Lembrando que a periodicidade do *backup* será a sua janela de exposição à perda de um arquivo, ou seja, para um *backup* executado semanalmente em uma sexta-feira, por exemplo, e o sinistro tiver ocorrido em uma quarta-feira, todos os trabalhos realizados de sexta até quarta terão se perdido.

5.5.2.1. Manual de operação e manutenção

Uma parcela da documentação do projeto, relacionada ao produto, terá por destino o cliente. Termos de garantia sobre os equipamentos instalados, manuais dos fabricantes dos equipamentos e cópias de suas notas fiscais de compra devem ser entregues ao cliente, para que ele possa, em uma eventual necessidade, acionar a garantia do fabricante.

O cliente também assume a responsabilidade sobre a correta operação e manutenção preventiva dos equipamentos instalados. Na entrega da documentação desses equipamentos as instruções básicas de como operá-los devem ser passadas à pessoa responsável designada pelo cliente e indicada através dos manuais dos fabricantes.

Se você é o fabricante de boa parte dos produtos, é essencial produzir os respectivos manuais de operação e de manutenção, com ressalvas claras de perda de garantia caso algum tópico não seja observado corretamente.

Os documentos, impressos ou em arquivos eletrônicos, a serem entregues ao cliente também são compostos dos desenhos finais de cada etapa da construção, desenhos estes chamados de **as built** (como construído).

A documentação para o cliente poderá, em algumas situações, ser de dois tipos. Um tipo com nível de documentação técnica formal e, em alguns casos, um segundo tipo, com menor abrangência de informações e em uma linguagem de desenhos e de textos de entendimento mais fácil, direcionado ao pessoal não técnico. Seria o caso, por exemplo, de um edifício de salas comerciais, onde uma parte da documentação seria destinada ao incorporador e ao administrador do edifício e a documentação menos técnica seria destinada aos proprietários das unidades.

O enfoque da documentação para o usuário final seria destinado à localização da passagem de tubulações, dicas e cuidados para reformas, quais paredes eventualmente podem ser removidas e quais partes da construção, por serem estruturais, não podem sofrer nenhum tipo de alteração.

6. Próximos passos

Certamente você concluiu com êxito o seu projeto e nesse momento já deve estar engajado no estudo do que será o seu próximo desafio. Todavia, ação tão importante quanto a busca pelo novo projeto é você reunir as informações do que deu certo e, principalmente, do que eventualmente deu errado no projeto que acabou de concluir.

Se não fizer isso nesse momento, duas coisas acontecerão: primeiro, o conhecimento se perderá com o tempo. Os detalhes não registrados se perdem à medida que o tempo passa. Segundo: simplesmente chegará um momento em que você não irá mais fazer esse trabalho, não por rebeldia, ou porque você não quer fazer, mas simplesmente porque você não terá mais o tempo disponível para fazê-lo.

Parte do conhecimento adquirido com a execução do projeto já pode ter sido documentado em procedimentos de execução que você desenvolveu para cada OS do projeto. Outra parte valiosa estará também em todo o seu desenvolvimento sobre o gerenciamento de riscos: o que aconteceu, o que não aconteceu, quando aconteceu, se o plano previsto para tratar o risco foi suficiente ou teve ajustes, se as probabilidades e os impactos planejados foram condizentes ou passaram por ajustes.

O orçamento do projeto, como se comportou? Teve que realizar muitos ajustes, houve muitos desvios?

O que você faria de diferente se tivesse a chance de poder executar o mesmo projeto novamente? Talvez a resposta a essa pergunta sintetize todas as informações de que necessita reunir e apresentar para a empresa. Você fez uma reunião de início do projeto? Ficaria estranho se você não voltasse ao mesmo público para, primeiro, agradecer por todo o apoio que recebeu e para prestar contas sobre como resultou o projeto.

E que venham os próximos desafios!

Apêndices

A. Ética e código de conduta

Nunca antes do ano de 2015 se falou tanto sobre corrupção, especialmente no setor da construção civil no Brasil. Passaram a ser divulgados níveis de corrupção envolvendo o setor da construção civil na sua relação com o setor público em dimensões assustadoras e devastadoras.

Como definir a corrupção?

> "De um modo geral como "o abuso do poder confiado para ganhos privados". A corrupção pode ser classificada como grande, pequena e política, dependendo da quantidade de dinheiro perdido e do setor onde ela ocorre.
>
> A grande corrupção consiste de atos cometidos em um alto nível de governo que distorcem as políticas ou o funcionamento central do estado, permitindo que os líderes se beneficiem às custas do bem público. A pequena corrupção refere-se ao abuso diário do poder confiado a funcionários públicos de baixo e de nível médio em suas interações com os cidadãos comuns, que muitas vezes estão tentando acessar bens ou serviços básicos em lugares como hospitais, escolas, departamentos de polícia e outras agências.
>
> A corrupção política é uma manipulação de políticas, instituições e regras de procedimento na alocação de recursos e financiamentos pelos decisores políticos, que abusam de sua posição para sustentar seu poder, status e riqueza" (TRANSPARENCY INTERNATIONAL, 2016).

Nesse mesmo período do ano de 2015 o Brasil começou a perceber, mesmo que de maneira ainda incipiente, os efeitos da Lei nº 12.846, com a qual passou a contar a partir de 1º de agosto de 2013, lei esta que dispõe sobre a responsabilização administrativa e civil de pessoas jurídicas pela prática de atos contra a administração pública, nacional ou estrangeira. Essa lei é chamada de Lei Anticorrupção e também de Lei da Empresa Limpa.

Através dessa lei, caso a empresa seja envolvida em algum ato de corrupção, ato que pode ser executado por um funcionário, um fornecedor ou um parceiro, sócio em um consórcio, por exemplo, ou por qualquer pessoa que atue em nome da empresa, esta poderá ser processada nas esferas administrativa e civil, mesmo que a atuação de maneira ilícita não seja de conhecimento da empresa.

Como resultado das investigações que ocorrerem sob um processo administrativo que venha a ser aberto por conta de uma denúncia recebida, a empresa poderá ser multada no valor de 0,1% a 20% do faturamento bruto do último exercício anterior ao da instauração do processo administrativo. Na hipótese de não ser possível utilizar o critério do valor do faturamento bruto da pessoa jurídica, a multa será de seis mil reais a sessenta milhões de reais.

Como resultado do processo civil, a empresa poderá, ainda, ter outras sanções aplicadas que a levem, por exemplo, à suspensão ou à interdição parcial de suas atividades ou até mesmo à sua extinção.

A empresa precisa assim ter e principalmente manter ativo um Programa de Integridade. Nos termos do decreto que regulamenta a Lei nº 12.846/2013, o Decreto nº 8.420/2015 no seu art. 41:

> "Art. 41. Para fins do disposto neste Decreto, programa de integridade consiste, no âmbito de uma pessoa jurídica, no conjunto de mecanismos e procedimentos internos de integridade, auditoria e incentivo à denúncia de irregularidades e na aplicação efetiva de códigos de ética e de conduta, políticas e diretrizes com objetivo de detectar e sanar desvios, fraudes, irregularidades e atos ilícitos praticados contra a administração pública, nacional ou estrangeira". (BRASIL, 2015, p. 5).

Pode-se ouvir também a respeito de programas de *compliance*. Esses, de maneira abrangente, preveem medidas que levem a empresa a estar de acordo com as suas obrigações em geral. Então, para as empresas que já possuem um programa de *compliance*, é preciso complementá-lo com medidas anticorrupção.

A empresa que demonstrar ter e principalmente manter ativo um Programa de Integridade poderá ser beneficiada com atenuantes ou até cancelamento de multas e sanções a que estaria sujeita em uma condenação em um processo de corrupção. Na contratação de seguros de responsabilidade civil tal medida poderá reverter em ter o seu risco diminuído e, por consequente, ter reduzidos os custos com essa contratação.

Além de diminuir a exposição da empresa ao risco de descumprimento da Lei Anticorrupção, um Programa de Integridade robusto traz outros benefícios:

- ✓ Maiores chances da contratação de seus serviços.
- ✓ Cumprimento de uma função social no desenvolvimento da sociedade.
- ✓ Ambiente organizacional íntegro e transparente, coibindo práticas internas de desvios e fraudes.
- ✓ Boa imagem no mercado, facilitando a relação com os fornecedores, a captação de recursos financeiros e a contratação de funcionários.

Qualquer empresa, independentemente de seu setor ou tamanho, preocupada em solidificar seus valores na sociedade em que atua, deve implementar e manter o seu Programa de Integridade, desenvolvido especialmente para as suas características.

A Câmara Brasileira de Indústria da Construção (CBIC) disponibiliza o Guia de Ética e *Compliance* para Instituições e Empresas da construção civil. Esse guia, oferecido em dois volumes, pode ser consultado e baixado no site do CBIC (http://cbic.org.br).

É importante que o profissional do setor da construção civil tenha conhecimento das obrigações em relação a sua conduta ética e da empresa em que atua, procurando informar aos órgãos de investigação e de defesa pertinentes e ao Ministério Público Federal (MPF) qualquer irregularidade de que eventualmente venha a tomar conhecimento.

A melhor prevenção contra a corrupção é a informação. Os funcionários precisam ser informados sobre quais práticas que eventualmente poderiam vir a cometer que seriam consideradas atos de corrupção. A prevenção, aqui, não é apenas em relação ao dano na relação com os agentes públicos. As empresas são alvos de corrupção interna, de desvios, principalmente em processos de suprimentos.

A sua empresa, como medida suplementar importante, deve manter como regra a consulta ao Cadastro Nacional de Empresas Inidôneas e Suspensas (CEIS), disponibilizado através do site <http://www.portaltransparencia.gov.br/ceis>, para cruzamento dessas informações com as de seu cadastro de fornecedores, para que, assim, não venha a contratar empresa que esteja nesse cadastro.

B. A indústria 4.0

Talvez o momento em que o país atravessa nesse período seja mesmo de mudanças, e a construção civil no Brasil possa aproveitar e promover um salto tecnológico como nunca antes se deu nesse setor da economia no país.

A minha formação acadêmica vem do berço industrial do país, da região formada pelas cidades de Santo André, São Bernardo do Campo e São Caetano do Sul, denominada região do ABC, localizada no estado de São Paulo. Vivenciei e aprendi a admirar o fortalecimento da indústria nessa região, principalmente a automobilística, cujo auge ocorreu entre as décadas de 1980 e 2000.

Durante esse período vi surgirem as certificações em qualidade, a reengenharia e o avanço na produtividade com o emprego cada vez mais presente de processos automatizados.

Sempre me perguntei: por que esses movimentos, que se mostraram tão importantes para impulsionar a indústria automobilística, parecem não causar o mesmo efeito na indústria da construção civil? Seriam características específicas desse setor da economia? Falta de incentivos?

De fato, quando olhamos para as atividades básicas realizadas pelos funcionários da construção, vemos hoje o mesmo que o de sempre, não parece ter havido nenhuma evolução significativa nas técnicas de construção que se refletissem nas obras do país. Por quê?

De acordo com Xavier, Xavier e Melo (2014), estudos sobre o setor da construção civil iniciados há quatro décadas procuraram identificar os motivos do atraso tecnológico nesse setor e concluíram que a principal causa está relacionada à baixa qualificação e ao baixo grau de instrução de sua mão de obra, sendo identificados também como motivos para o atraso tecnológico na construção civil seus métodos de gestão rudimentares e o baixo investimento em P&D (pesquisa e desenvolvimento).

Uma consulta à base de dados da Plataforma Aquarius (http://aquarius.mcti.gov.br/app/), do Ministério de Ciência, Tecnologia e Inovação, revela que, no período compreendido entre 1997 e 2015, o uso de fundos setoriais (CNPq e FINEP) pela engenharia civil em projetos de desenvolvimento e de inovação representou apenas 2,37% do total de R$ 3,12 bilhões dos investimentos efetuados nas engenharias.

De qualquer modo, vemos alguns avanços, principalmente no uso de ferramentas de tecnologia para o desenvolvimento dos projetos.

Para quem, como eu, aprendeu a desenhar projetos com caneta nanquim, papel vegetal, prancheta e régua T, o *Building Information Modeling* (BIM) é um avanço significativo no uso de programas computacionais para os desenhos de engenharia. Vemos outros exemplos do uso cada vez maior de ferramentas computacionais nos cálculos estruturais, no georreferenciamento, na gestão dos projetos. Mas e na produção, no campo?

No campo, alguns poucos aparatos tecnológicos começam a ser adotados, mesmo que timidamente. Trenas por infravermelho, nível a laser, estações topográficas computacionais... alguns já têm seu uso mais difundido, mas considero que ainda não são de uso massivo.

A humanidade estaria passando atualmente por sua Quarta Revolução Industrial. Antes de falar sobre ela, um rápido apontamento sobre a história das Revoluções Industriais:

- ✓ **Primeira Revolução Industrial:** surgem os meios mecânicos na produção, com o uso da energia hidráulica e a valor. Final do século XVIII.
- ✓ **Segunda Revolução Industrial:** a produção em massa, com a ajuda da energia elétrica. Final do século XIX e início do século XX.
- ✓ **Terceira Revolução Industrial:** uso da eletrônica e da computação na automação da produção. Robotização. Início da década de 1970.

Em meados da década de 2010 começa a se falar a respeito da Quarta Revolução Industrial.

> "A indústria 4.0, também chamada de Quarta Revolução Industrial, é marcada pela era da informação digital. A tecnologia da informação se torna parte integral dos processos industriais, e decisões são tomadas de forma automática a partir do uso de um grande conjunto de dados armazenados, chamado de Big Data. Para que a indústria 4.0 se torne factível, requer a adoção de uma infraestrutura tecnológica formada por sistemas físicos e virtuais, com apoio de *Big Data*, *Analytics*, robôs automatizados, simulações, manufatura avançada, realidade aumentada e da internet das coisas" (FEDERAÇÃO DAS INDÚSTRIAS DO ESTADO DO RIO DE JANEIRO – FIRJAN, 2016, p. 5).

Mas como fica a construção civil diante desse novo quadro evolutivo da indústria? Ou melhor: onde se encontra a construção civil? Estaria ainda avançando para a Terceira Revolução Industrial?

A incerteza na demanda de um setor da economia certamente pode afetar o nível de investimento realizado. Como investir em capacitação profissional, na formação de equipes, em tecnologia, sem a certeza de que haverá demanda suficiente para acolher os investimentos efetuados? Porém, por outro lado, como se tornar competitivo, com custos que viabilizem a realização de demandas e que tornem os projetos viáveis?

Para qualquer economia que necessita se fortalecer e crescer, realizar investimentos se torna inevitável. Quando olhamos para o universo da indústria 4.0 sob a ótica da construção civil, vemos uma imensidão de oportunidades para alavancar o seu crescimento, propiciando o aumento da produtividade e a redução de custos.

C. Pleitos

Você deparou com condições na execução do seu projeto que o levaram a ter que assumir custos ora não previstos que resultaram em diminuição do resultado final esperado ou até mesmo em prejuízo. A quem caberia o risco por não ter havido a previsão dessas condições que oneraram o projeto? A você, ao seu cliente, a ambos? Caberia a mais alguém?

A discussão trazida sobre um pleito, um pedido de ressarcimento, não é fácil – e se tornará ainda mais difícil se você não estiver relativamente documentado para justificar o seu pedido.

Você foi chamado para apresentar proposta de preço para a implantação de um coletor de esgotos. Os projetos de licitação não se apresentaram muito detalhados com relação às condições geológicas do terreno. Mesmo assim, você assumiu as informações como premissas para elaboração do seu preço e entregou a sua proposta, que foi a vencedora.

Chamado para assinar o contrato e iniciar os trabalhos, como primeira medida você contrata um escritório projetista especializado em obras de saneamento para a elaboração do projeto executivo por onde passará o coletor de esgotos. Começam os serviços de sondagem do terreno, enquanto você inicia a execução do primeiro trecho do coletor com o projeto básico de concorrência.

Logo nos primeiros trechos você experimenta uma certa dificuldade na realização dos trabalhos. Comparada às premissas de orçamento, a produtividade que vem obtendo é baixa, mas, por não ter implantado um acompanhamento sistemático da produção, não fez uma relação imediata de quanto essa realidade poderia impactar no custo e no prazo do seu projeto.

Passados alguns meses de execução da obra, você começa a perceber que as coisas não estão saindo como previsto e diagnostica que a causa é o solo. Não que o perfil geológico encontrado seja diferente daquele mostrado nos projetos básicos de concorrência, mas em diversos trechos pontuais ocorreram interferências no solo que prejudicaram a sua produção.

Em alguns trechos você chegou a encontrar até mesmo algumas interferências físicas: tubulações de gás, de água e cabeamentos que não constavam do projeto básico.

Você já executou um quarto do total físico da obra e o escritório projetista terminou a elaboração do projeto executivo. Ao confrontá-lo com o projeto básico, e diante da complexidade que você já observou no trecho que já executou, você conclui que haverá um impacto nos custos do projeto que representaria um aumento de 20% no preço apresentado para o cliente.

O cliente o contratou por ser a proposta de menor preço. A segunda proposta na lista de ofertantes estava com o preço 7% superior ao seu.

Difícil fazer agora com que o seu cliente aprove um aumento de 20% no seu contrato? Certamente não faltarão argumentos, para ambos os lados:

- ✓ Caso você tivesse identificado essa fragilidade nas informações do projeto básico na fase de licitação e apresentasse uma proposta que superasse eventuais imprevistos, ainda assim seria uma proposta vencedora? O seu preço agora é 20% superior ao seu preço original e o seu concorrente mais próximo havia apresentado uma proposta apenas 7% superior ao preço da sua proposta original.
- ✓ Por que você não alertou o cliente sobre tais condições desde o início da execução dos trabalhos, em vez de fazê-lo apenas agora?
- ✓ Se o cliente e todos os demais concorrentes conhecessem essas condições do terreno, com todas as propostas refletindo em seus preços essa realidade, e mesmo ainda sendo a sua proposta a vencedora, será que o conhecimento desse novo custo orçado ainda viabilizaria para o cliente a realização do projeto?
- ✓ Quais as evidências existentes sobre a existência dessas dificuldades no terreno? Você as registrou em fotos, fez relatórios, providenciou análises em laboratório? Como confiar agora nas sondagens que você apresentou, contratadas por você, sem ter havido um acompanhamento independente?
- ✓ Como agora terminar esse projeto, com custos inviáveis para você?

Quanto maior o nível de informações sobre o projeto a ser executado, maior a certeza no seu orçamento e menor o risco de surgirem imprevistos que necessitariam da aprovação de pleitos.

Talvez não fossem tão nítidas as fragilidades das informações sobre as condições do terreno trazidas pelo cliente através dos originais de licitação, e uma falha nesse sentido ficaria nítida para o cliente, que, assim, estaria aberto a negociar com você o seu pleito. Alertar o cliente o quanto antes e da maneira mais detalhada de informações possível sobre a existência de pleitos auxilia a tomada de uma decisão favorável à proteção de seus interesses.

Bibliografia

AMBRIZ, R. **Dynamic Scheduling with Microsoft Office Project 2007:** the book by and for professionals. Fort Lauderdale: J. Ross Publishing, Inc., 2008.

ASSOCIAÇÃO BRASILEIRA DE NORMAS TÉCNICAS. **NBR ISO 10006**: Sistemas de gestão da qualidade – diretrizes para a gestão da qualidade em empreendimentos. Rio de Janeiro: ABNT, 2006.

ASSOCIAÇÃO BRASILEIRA DE NORMAS TÉCNICAS. **NBR ISO 21500**: Orientações sobre gerenciamento de projeto. Rio de Janeiro: ABNT, 2012.

BANCO CENTRAL DO BRASIL. **Taxa Selic**. Disponível em: <http://www.bcb.gov.br/pt-br/#!/n/selictaxa>. Acesso em: 23 set. 2016.

BRASIL. Presidência da República. Casa Civil. **Lei Nº 8.666, de 21 de junho de 1993.** Regulamenta o art. 37, inciso XXI, da Constituição Federal, institui normas para licitações e contratos da Administração Pública e dá outras providências. Diário Oficial [da] República Federativa do Brasil, Poder Legislativo, Brasília, DF, 22 jun. 1993. Seção 1, p. 8269.

BRASIL. Presidência da República. Casa Civil. **Lei Nº 10.101, de 19 de dezembro de 2000.** Dispõe sobre a participação dos trabalhadores nos lucros ou resultados da Empresa e dá outras providências. Diário Oficial [da] República Federativa do Brasil, Poder Legislativo, Brasília, DF, 20 dez. 2000.

BRASIL. Presidência da República. Casa Civil. **Lei Nº 12.462, de 4 de agosto de 2011.** Institui o Regime Diferenciado de Contratações Públicas – RDC. Diário Oficial [da] República Federativa do Brasil, Poder Legislativo, Brasília, DF, 5 ago. 2011. Seção 1, p. 1 (edição extra).

BRASIL. Presidência da República. Casa Civil. **Decreto nº 8.420, de 18 de março de 2015.** Regulamenta a Lei Nº 12.846, de 1º de agosto de 2013, que dispõe sobre a responsabilização administrativa de pessoas jurídicas pela prática de atos contra a administração pública, nacional ou estrangeira e dá outras providências. Diário Oficial [da] República Federativa do Brasil, Poder Legislativo, Brasília, DF, 19 mar. 2015. Seção 1, p.3-6.

CARVALHO, M. M. de; RABECHINI JUNIOR, R. **Construindo competências para gerenciar projetos**: teoria e casos. 2. ed. São Paulo: Atlas, 2008.

CONSELHO FEDERAL DE ENGENHARIA E AGRONOMIA. **Resolução Nº 218, de 29 de junho de 1973.** Discrimina atividades das diferentes modalidades profissionais da Engenharia, Arquitetura e Agronomia. Diário Oficial da União, Brasília, DF, 31 jul. 1973.

CONSELHO FEDERAL DE ENGENHARIA E AGRONOMIA. **Decisão Normativa Nº 106, de 17 de abril de 2015.** Conceitua o termo "Projeto" e define suas tipificações. Diário Oficial da União, Brasília, DF, 23 abr. 2015. Seção 1, ed. 76, p. 61-62.

CRITICAL TOOLS INC. **WBS Schedule Pro**. Versão 5.1.0017. Texas, 2016. Disponível em: <http://www.criticaltools.com>. Acesso em: 23 set. 2016.

DALKEY, N.; HELMER, O. An experimental application of the Delphi method to the use of experts. **Management science**, v. 9, n. 3, p. 458-467, 1963.

DEPARTAMENTO DA INDÚSTRIA DA CONSTRUÇÃO DA FEDERAÇÃO DAS INDÚSTRIAS DO ESTADO DE SÃO PAULO. **Proposta de política industrial para a Construção Civil – edificações:** caderno 1. DECONCIC, out. 2008. Disponível em: <http://www.fiesp.com.br/arquivo-download/?id=2901>. Acesso em: 23 set. 2016.

FEDERAÇÃO DAS INDÚSTRIAS DO ESTADO DO RIO DE JANEIRO. **Indústria 4.0:** Internet das coisas. FIRJAN, jun. 2016. Disponível em: <http://www.firjan.com.br/lumis/portal/file/fileDownload.jsp?fileId=2C908A8A557F574001559C03258877DC&inline=1>. Acesso em: 23 set. 2016.

GIDO, J.; CLEMENTS, J. P. **Gestão de Projetos**. 3. ed. São Paulo: Thomson, 2007.

GONÇALVES, P. **Administração de materiais:** obtendo vantagens competitivas. Rio de Janeiro: Elsevier, 2004.

HELDMAN, K. **Gerência de Projetos:** guia para o exame oficial do PMI. 3. ed. Rio de Janeiro: Elsevier, 2006.

KAYO, E. K.; SECURATO, J. R. Método Delphi: fundamentos, críticas e vieses. **Cadernos de pesquisa em administração**, v. 1, n. 4, p. 51-61, 1997.

KEELLING, R. **Gestão de Projetos**: uma abordagem global. São Paulo: Saraiva, 2002.

LIMMER, C. V. **Planejamento, Orçamentação e Controle de Projetos e Obras**. Rio de Janeiro: LTC, 1996.

PRADO, D. **A importância da evolução da maturidade em gerenciamento de projetos**. Disponível em: <http://www.maturityresearch.com/novosite/biblio/importancia-da-evolucao.pdf>. Acesso em: 29 maio 2016.

PROJECT MANAGEMENT INSTITUTE. **Um Guia do Conhecimento em Gerenciamento de Projetos**: PMBOK® *Guide*. 5. ed. Newtown Square, PA: PMI, 2013.

RIBEIRO, J. **Frases feitas**: Estudo conjectural de locuções ditados e provérbios. 2. ed. Rio de Janeiro: Livraria Francisco Alves, 1960. Acesso em: 29 maio 2016.

TRANSPARENCY INTERNATIONAL. **What is corruption?** Disponível em: <http://www.transparency.org/what-is-corruption/#define>. Acesso em: 23 set. 2016.

TRIBUNAL DE CONTAS DA UNIÃO. **Definição do objeto da contratação.** Atualizado em: 20 dez. 2007. Disponível em: <http://portal2.tcu.gov.br/portal/page/portal/ticontrole/legislacao/repositorio_contratacao_ti/001.002.050.108.191.html#Fund22-2>. Acesso em: 23 set. 2016.

XAVIER, C. M. da S.; XAVIER, L. F. da S.; MELO, M. **Gerenciamento de Projetos de Construção Civil**: Uma adaptação da metodologia Basic Methodware. (Série Gerenciamento de Projetos sem Complicação) Rio de Janeiro: Brasport, 2014.

Acompanhe a BRASPORT nas redes sociais e receba regularmente informações sobre atualizações, promoções e lançamentos.

@Brasport

/brasporteditora

/editorabrasport

/editoraBrasport

Sua sugestão será bem-vinda!

Envie uma mensagem para **marketing@brasport.com.br** informando se deseja receber nossas newsletters através do seu e-mail.

BRASPORT

+ de 50 Títulos

e-Book
50% mais barato que o livro impresso.

Confira nosso catálogo!

À venda nos sites das melhores livrarias.